【文庫クセジュ】

性倒錯

様々な性のかたち

ジェラール・ボネ著
西尾彰泰／守谷てるみ訳

Que sais-je?

白水社

Gérard Bonnet
Les perversions sexuelles
(Collection QUE SAIS-JE? N° 2144)

目次

はじめに 7
第一章　倒錯とはなにか 11
Ⅰ　現在の定義
Ⅱ　歴史における倒錯
第二章　倒錯の分類 40
Ⅰ　文化による分類
Ⅱ　古典的な分類
Ⅲ　臨床的分類
第三章　サディズム的倒錯とマゾヒズム的倒錯 62
Ⅰ　サディズムとマゾヒズム

II　サディスティックな倒錯
III　マゾヒスティックな倒錯
第四章　フェティシズムと服装倒錯、同性愛の問題――84
I　フェティシスト的倒錯
II　服装倒錯
III　同性愛と倒錯
第五章　露出症と窃視症――107
I　露出症
II　窃視症
第六章　極端な倒錯、治療的アプローチ――128
I　レイプ、小児性愛、近親相姦
II　治療
III　精神分析

訳者あとがき―――153
参考文献―――i

はじめに

数年前から性倒錯が再びブームになっている。前回のブームは、十九世紀後半のことであった。性倒錯が発見され、サディズムや露出症、死体愛など、現在われわれが参照している性倒錯の分類名称のほとんどが確立したのは、この時期のことである。しかしながら、二十一世紀初頭になっての再ブームは以前とは異なる様相を示している。まず、倒錯が以前と比べて珍しいものではなくなっており、より審美的、遊戯的になっている。もうひとつは、それまで非常に稀な症例だったレイプ、近親相姦、小児性愛が散見されるようになったことである。従来、性倒錯は当時支配的であったピューリタニズムに対する反発であるとみなされていた。しかし、性倒錯を極端なリベラリズムや規範の喪失のせいにしてよいのだろうか。

実際、過激なピューリタニズムが横行していた時代に、性倒錯が必ずしも隠蔽されていたかと言えば、そうではない。性倒錯は、以前からわれわれの日常に存在していたのである。人気のない小道で露出症者に出くわしたことのない女性、あるいは、待ち伏せなどのじゃれ合いを経験したことのないカップルなどいるだろうか。どの街でも服装倒錯の人を見かけることができるし、ある人は非常に気にするが、ある人には気にならないという程度の話になっている。ドン・ファン症や「マゾ」、「おかま」に関しては、まったく日常会話のレベルになっている。風俗喜劇では、倒錯は好んで取り上げられる題材である。芸術の世界では、倒錯をうまく描くことは、安定して成功が得られる定番の題材である。『愛のコリーダ』からポルノ映画、豪華な絵画から下劣で卑猥な行為まで、芸術性や文学性の程度に差はあるものの、倒錯はつねに人間存在の一部を成していると言えるだろう。

こうした倒錯は、派手な倒錯、滑稽な倒錯と呼ぶことができる。この種の倒錯は、集団的な娯楽、もっと単純に言えば、笑うことによって審美的な感情を引き起こし、恐怖を克服している。しかし、絶えず恐怖感を覚えさせる事例や連続殺人、性的暴力など、映画や新聞に定期的に登場する倒錯の場合は事情を異にする。

ここ数年でそのような倒錯が徐々に社会の前面に出てきたのは間違いないだろう。この問題に対して、医者、心理学者、看護師、教育者、弁護士、判事、司祭、政治家、社会学者など多くの専門家が招集され、討論が行なわれた。しかし、まとまった意見として収束することは決してなかった。ひとつの大きな考え方として、性倒錯は大騒ぎするような問題ではないというものがある。WHOが作成したICD－10（国際疾病分類）では、パラフィリア（性的倒錯）は「性嗜好の障害」とされているのに対し、アメリカ精神医学会が一九八〇年に発行した精神科診断の手引きであるDSM－Ⅳでは単に特殊な愛の形であるとされている。しかし一方で、法を整備して性倒錯を取り締まり、最低限の品位を遵守しないならば厳しく処罰するべきであるという考え方もある。数年前より、非常に混乱している倒錯者を反復的な地獄のサイクルから脱出させるために「治療命令」が推奨されるようになった。しかし、どのような治療を行なうのか、どのような条件で命令されるというのだろうか。誰もがどこからか手をつけなければならないとわかっているが、具体的にどうすればいいのか、どうすれば治療が終了するのかを知っている者はほとんどいない。

かつてないほど、性倒錯を厳密に解き明かす必要が増してきているのはそのためである。それは倒錯が危険だからというだけではない。性倒錯を解き明かすことは、人間の精神現象の意外な本質を見抜くのに最も有効な方法のひとつだからである。性倒錯についての知識を深めることで、倒錯者が知らず知らずのうちに陥った罠を避けて、倒錯者に対応することが可能となるであろう。

こうした倒錯に関する知のおかげで、新たな興味深い点が見えてくる。つまり、グローバル化によって大規模になった露出症、窃視症、服装倒錯、フェティシズム、マゾヒズム、サディズムなどといった集団行動が、個人の内面から明らかにされるのである。人間社会は倒錯をロングランで演じるための劇場のようなものである。社会のグローバル化は、人間相互のコミュニケーションを容易にしたが、結果として他者を所有し、思いのままに操ることへと変質してしまった。たとえば、現代の集団的露出趣味は、真の問題系をないがしろにしてうわべを重視している。こうした倒錯行為の心理的な下部構造を分析しなければ、政治的、社会的、倫理的な規制のメカニズムは死文化してしまうだろう（巻末参考文献【5】、四一一頁）。

第一章　倒錯とはなにか

「性倒錯」という言葉は、十九世紀末に精神科医によって作られた言葉である。のちに、精神分析で再び取り上げられ、大幅な再解釈が行なわれた。現在、この言葉は一般的ではない方法で性的快感を増大させ、快楽を得る行為を意味している。

倒錯行為は、ある一部の人びとにとって、みずからが望んだわけでもないのに、行なわずにはいられないという特異なセクシュアリティの徴候である。しかも、こうした奇妙なセクシュアリティは、さまざまなかたちであらゆる人に存在する。

Ⅰ　現在の定義

1　臨床分類における倒錯

精神医学で最もよく用いられる疾病分類によれば、倒錯は神経症や精神病、心身症などと同列に、ひとつの大きな疾病単位とみなされている。倒錯はたしかにさまざまな形をとるが、精神分析によると、これらは共通の問題系に還元される。本書では、それを明らかにしていこう。

この分類は、一九七〇年代から相反する二つの考え方によって疑問を付されている。一つは、倒錯を境界例として新たなカテゴリーを加えるべきだという主張である（ベルジュレ、一九七〇年）。境界例はボーダー・ラインとも呼ばれる（W・エイゼンシュテイン、一九四九年）。逆に、倒錯の成立については深入りしないという考えかたもある。一九九六年、アメリカ精神医学会のDSM‐Ⅳでは、倒錯は単なる奇妙な行動であるとされているし、世界保健機関のICD‐10の疾病分類では、性嗜好障害と見なされている。ロバート・ストーラーは、この単純化を厳しく非難している。

しかしながら、倒錯と倒錯的な心的組織化は厳密に区別されなければならない。倒錯とは、多くの人に起こりうる、断続的、あるいは永続的な行動および症状であり、安定した心的組織化である。反対に非倒錯者が倒錯行為に陥るようなときには、つねに倒錯的組織化が現われている。しかし、それはきわめて目立たない形においてである。倒錯的組織化は、主体にとって最も不安なこと、つまり、エス[1]のセクシュアリティに対抗するために作られた一連の性的傾向のことである（【8】、一六三頁と二三二頁）。

(1) エスとは、フロイトによって提案された心的装置の第二理論における三つの審級のひとつである。エスは自我と超自我という、他の二つの審級と密接な葛藤関係にあり、自我と超自我はエスが変化、分化したものである。エスは完全に無意識の領域に属し、さまざまな欲動がうごめく未知の領域である〔訳注〕。

したがって、倒錯が必ずしも社会的不適応で病的な症状をもたらすとは限らない。それどころか、非常に創意に富み、社会に刺激を与えるような倒錯すらある。

2　基本的な区別――倒錯とその類似物

しばしば倒錯は、倒錯によく似たもの、倒錯と関連している他のものと混同されている。

(A) 倒錯と倒錯的ファンタズム

サド・マゾ的な夢や、覗き見をしている夢をみたことがない人がいるだろうか。また、自分が卑猥な状況を多少なりとも楽しんでいる情景を想像したことがない人がいるだろうか。こうした倒錯的な夢想はファンタズム(1)として現われるが、だからといって、こうした夢想にふけっている人が必ずしも倒錯者であるとは言えない。

(1) ファンタズム(幻想)とは、謎めいたかたちで夢想されるシナリオのことである。ファンタズムは人類に共通の基盤を形成し、社会を構成する核となる〔訳注〕。

倒錯的ファンタズムと性倒錯のあいだには、根本的な類似点があり、これらを比較することは非常に有益である。しかし、倒錯的ファンタズムを豊かに育む人が、実際の性生活では何の問題も持たない場合もある。逆に、重度の倒錯者がファンタズムを作ることができなくなり、リビドー(1)的な生活に捕らわれていることも稀ではない。

(1) リビドーとは、フロイトが提唱した精神・性的エネルギーの概念。愛情の名のもとに理解されうるすべてと関わりを持つ欲動のエネルギーである〔訳注〕。

ファンタズムは性生活を構成する重要な要素のひとつである。ファンタズムはあらゆる人に共通だが、倒錯者は小児期にこれを典型的な形で改変して、それを終生維持するのである（【26】、フロイト『性欲論三編』より）。

(B) 倒錯と前戯

前戯と倒錯は確かに似通ったところがあるが、両者を同等のものと考えることができるだろうか。倒錯者は、普通の結合では平凡で画一的であるとして、倒錯行為に価値を認めているが、その根拠としてよく持ち出されるのが、倒錯と前戯との類似性である。しかし、愛の行為として、お互いに見せ合ったり、肛門を使ったり、軽く噛んだり、苦痛を与えてみたりすることは、果たして倒錯と言えるのだろうか。もちろんそうではない。と言うのは、前戯における苦痛は、前戯全体のほんの一部を成すにすぎないからである。人の最も奥深いところに根づいている欲望から、パートナーにしかわからない特殊な振舞いに及ぶことは、起こりうることである。これは倒錯とはまったく別のものと考えるほうがいいだろう。倒錯者は、この振る舞いの特殊性に自分だけで満足している者のことである。倒錯者は、この行為が喜ばれるか否かということと関係なく、この特殊な行為を必要かつ充分であると考えている。

(C) 倒錯と犯罪

倒錯行為であっても、それが自分の目的のためにとった軽度のものであれば、犯罪とされないのだろうか。倒錯をすべて犯罪とすること、犯罪が言い過ぎであれば、改めるべき間違いと見なすことは間違いだろうか。道徳家や法学者ですら、そう考える場合がある。その際に、彼らが参照しているのは、社会や道徳、宗教のコードである。もっとも、これらのコードそのものが、はなはだしく変化しているのであるが。

心理学者の立場からみると、倒錯と犯罪を混同してはならない。ただし、倒錯者の行為が他人に害を及ぼす場合はその限りではない。むしろ、他人に害をなすような倒錯行為はかなり限定されている。倒錯を違反とする場合、それはまず無意識の意味においてであり、現実には、必ずしも破壊的影響をもたらすものではない。

(D) 倒錯と反社会行動

倒錯と違反には、ある種の類似性が認められることから、道理にはずれた同種の行為も倒錯に含まれると主張する人びともいる。同種の行為とは、たとえば、放火魔、窃盗症など社会に直接被害を及ぼす行為や、薬物中毒、アルコール中毒、摂食障害など自分自身を破壊する行為である（アンリ・ピエロンの『心理学用語辞典』、アンリ・エーらによる『精神医学マニュアル』参照）。このような行為は、倒錯とは異なる問題系に属しており、別に検討されるべきである。というのは、倒錯ではセクシュアリティが直接拘束されており、反社会性はほんの一部にしか認められないからである。A・エイガーは、詐欺師、虚言癖、みせかけへの信仰などを「道徳的倒錯」と名づけ、性倒錯から切り離して、これらを異なるカテゴリーに属する、常習性、犯罪性の問題であるとみなした（【21】）。一九七二年、C・ダヴィッドは、とくに精神分析中に「情動[1]を極限的に追及する行為」を「感情倒錯」と名づけている（【17】）。

（1）情動とは、ドイツ心理学用語より精神分析に採用された語であり、苦痛なものであれ快適なものであれ、あらゆる感情を意味する。フロイトによれば、すべての欲動は情動と表象の二つの領域で表現される〔訳注〕。

(E) 倒錯と倒錯性

同じように、倒錯は悪徳、意地悪、改ざん、つまり倒錯性や卑劣さなどと混同されることがある。しかし、ラカミエやレボビッチ、ケスタンベルグ、最近ではバリエ（【2】）らが指摘するように、これらは別のものと考えたほうが良い。

倒錯者が最もひねくれた計略の力に支配されているのは確かである。だが、この力は無意識のものであり、この無意識の力に対して最初に対価を払ったのは倒錯者である。そして、倒錯者の目的はつねに性的快感という形をとる。

3 語彙において——倒錯という言葉の起源と現在の意味

「倒錯」という表現は比較的最近のもので、その由来については正確に定義することができる。倒錯——一四四四年にフランス語に導入された言葉である。倒錯 perversion はラテン語の pervertere に由来し、「帰る、逆にする」という意味である。当初より軽蔑的な意味で用いられていた。一八七五年、リトレはこの言葉を次のように定義している。「倒錯——良いほうから悪いほうへの変化。異食、複視〔両眼で物を見たときに二重になる眼球の運動異常。今では運動神経の障害として知られているが、かつては倒錯とみなされていた〕も一種の倒錯とされる」。今日的な心理学的意味がはじめてフランス語に与えられたのは、一八八二年の「性器的な意味での逆転、性倒錯」と名づけられたシャルコーとマニャンの往復書簡においてである。そこでは、とくにフェティシズム的倒錯の症例が注目されている（【14】）。マニャンが一八八五年一月十三日に医学協会に向けて送った有名な書簡「異常、錯誤、性倒錯」にもこの言葉が用いられている（性倒錯は大文字で表記されていた）。倒錯という言葉が徐々に用いられるようになったのは、マニャンの功績である。しかし、彼の言う異常という言葉の意味は、現在のものとは異なっている。イギリスと、とくにドイツにおいては、倒錯の意味する範囲はフランスよりも、かなり正確に限定されており、「錯誤 aberration」という言葉のほうが優先して使用される。フロイトは初期の著作『性欲論三編』で対象の逆転について述べるためにこの錯誤という言葉を用いている。倒錯という言葉は、性目標の倒錯を意味する場合に限り用いられていたが、のちに逆転という形をとるあらゆるものに用いられるようになった。

性的――シャルコーとマニャンは、倒錯という言葉を使い始めたときに性的という形容詞を倒錯に付け加えている。倒錯は他の問題系と異なり、あらゆる形のセクシュアリティが関与しているということがすでに指摘されている。

4 実践において

倒錯が現実において実践されるときには、次のような形をとる。

シナリオ、あるいはもっと一般的に言えば演出――倒錯者は、ほとんどいつも、自分の作品の要素のなかにみずからの性的特性を組み入れている。露出症者は無意識に、しかるべき女性、時、場所を選択している。マゾヒストは、どこで、どのように、誰に苦しめられようかと、あらかじめ念入りにシナリオを作り上げている。サディストは、正確な基準で犠牲者を選択している。倒錯者はこうした犠牲者の候補に出会ったとき、みずからの倒錯行為がこれから始まることを自覚する場合もよくある。

衝迫、抗いがたい羨望――性倒錯者は、内部の衝迫をうまくコントロールすることができず、この衝迫[1]を必要性、抗えない不安、半没落状態などという言葉で正当化しようとしている。「他にしようがなかったのだ」と。倒錯者の行為は一般的に意欲的で、細部にまで計画されているように見えるだけに、こうしたことは信じがたい。しかし、そのような圧力が存在するのは事実である。

(1) 衝迫については、五五頁を参照されたい〔訳注〕。

潜在的な抑うつ――多くの研究者が指摘しているように、倒錯的行動、とくに攻撃的な行動は、ほとんどいつも潜在的な抑うつを隠蔽している。ある種のものについては、精神病に対する防衛[1]という形すら伺われることもある（ケスタンベルグ）。

(1) 防衛とは、恐怖、恥、不快、苦痛など、耐えがたい表象を遠ざけようとする作用のこと。フロイトはとくに抑圧という防衛機能に特権的地位を与えた〔訳注〕。

倒錯が実際に実践されるとき、以下のような特徴がある。

どんな形であっても、倒錯は無意識のコードに対応しており、自体愛的な快楽を目指しているので、きわめて個人的である。この点からみると、あらゆる倒錯は、それを体験する者にとっても孤独で神秘的である。

倒錯行為は、もともと必然的に排他的になろうとする傾向を持っている。倒錯行為が他の形の快感を抹消していくことで、満足を増していくことも稀ではない。

倒錯行為は、極端なケース（しかし、ある意味でこうしたケースは典型的でもある）では、反復やステレオタイプな形に至ることがあり、しばしば表向きの意味作用が失われ、凝り固まってしまうことすらある。そうなると、主体はますます非合理的な方法を強いられてしまう。

また、倒錯者は、みずからの行為に多かれ少なかれ無意識的な嫌悪感を抱いており、そのことが挑発という方法で他人に訴える理由となっている（ボネ【8】）。

5 議論の争点

これまでのように倒錯を定義すると、次のような問いが浮かび上がってくる。

倒錯はつねに一見してそれとわかるようなものなのか？　厳密に言えば、前述のような特性を備えた振る舞いが最小限認められなければ倒錯ではないということになる。しかし、倒錯は断続的な場合もあり、一定期間にのみ現われることがある。こうした症状の軽重を認めると、何らはっきりした症状がなくても倒錯と判断できる場合があるのではないか。精神分析がとくに扱っているのは、このような症例である。しかし、倒錯がいわゆる臨床の領域外である可能性はつねに残っている。

倒錯は病的なのだろうか？　倒錯という概念を最初に深めたのが医者であったということから、倒錯は何らかの変性疾患（マニャン）、あるいは本能の逸脱（クラフト＝エビング）と考えられたが、こんにちでは倒錯は性表現の特殊な形式であり、必ずしも病的とは言えないと考えられている。倒錯者は、普通の人よりも、常同行動や固着に必要以上に脅かされていると言える。

倒錯は遺伝するのか？　遺伝性は、医療が扱う他の病気より少ないと考えられている。十九世紀の臨床家は、倒錯を当時支配的であった変質説で説明したが、フロイトは倒錯を主体に特有の無意識の果実であると明白に位置づけ、患者の生活史に起源があるとみなした。マニャンは中枢神経系の機能障害であると説明したが、この説はすでに否定されている。

女性の倒錯とは何か？　初期の研究者は、倒錯を男女ともに認められるものとしながらも、ほとんど男性の症例しか引用していない（クラフト＝エビング、モール）。その後、倒錯のほとんどは男性であり、滅多に女性にはみられないと考えられるようになった。これは多くのラカンの弟子たちの意見である。現在は、女性においてもさまざまな形で倒錯は存在すると考えられている（マック・デュガール【47】、ストーラー【54】）。とくに、小児性愛においては、深刻な問題となる。このことは、あとであらためて取り扱うこととしよう。

精神病者や子供、思春期の青年にとって倒錯とは何か？　倒錯が、知的障害者や（統合失調症や躁病のような）精神病などの患者において認められた場合、症例ごとに倒錯の意味合いはまったく違ったものになってくる。また、思春期や耐えがたい体験をした場合などに「一過性の倒錯」というものが現われることがある。一過性の倒錯からは、倒錯の起源や、その成立について多くを学ぶことができる（ボネ【12】）。反対に、子供に倒錯が見られることは稀である。子供の倒錯では、原初的な欲動[1]の活動が問題となっており、大人の倒錯に類似しているが、その意味合いは異なっている（ボネ【5】）。

（1）欲動とは、リビドーを起源とする、身体的、心理的エネルギーのこと。欲動が本来あるべき道から逸れると倒錯になるとされている〔訳注〕。

II　歴史における倒錯

1　普遍的な現象

こんにち、われわれが倒錯と呼んでいるものは、それまでにもさまざまな形で存在していた。今までも倒錯に対して多少なりとも注意が向けられていたが、倒錯は抑圧され、ある一定方向に誘導され、明確な目標のために利用されていた。たとえば、少年愛は、しばしば通過儀礼のひとつとして知られていた（アフリカのシワン族、ニューギニアのパプア族）。また、服装倒錯はシャーマン[1]の素質とみなされていた（スキタイ人）。反対に、近親相姦は一般的に禁止されていたが（レヴィ＝ストロース）、例外も多く存在した（エジプトのファラオなど）。殺人に至るようなサディズムは、今と同様に忌み嫌われていた。しかし、被害者に、囚人、奴隷、犯罪者、敵など社会から断罪されている者を選ぶとまったく罰を受けない場合もあった。

（1）シャーマンとは、みずからをトランス状態（忘我・恍惚）に導き、神・精霊・死者の霊などと直接に交渉し、その力を借りて託宣・予言・治病などを行なう宗教的職能者〔訳注〕。

(A) 非難とレッテル張り

歴史上の概念は、必ずしもうまく定義されてきたものばかりではない（ハヴロック・エリスの比較分析【39】）。また、こんにちの研究者と違って、過去の研究者は、性行為自体をあまり取り上げていなかった。したがって、われわれは性行為が暗示的、隠喩的なかたちで表現されていることをよく理解し、歴史の検閲というものも考慮しなければならない。ラカンはこの歴史の検閲を広大な抑圧の企てであると見なしている。当時、倒錯は嘲笑されたり、拒絶されたり、恐れられたりしていたので、これら倒錯を理解するための説明書として、倒錯について記述された司法書や宗教書は知れわたっていた。しかし、ほとんどの症例が、古典的に対象倒錯と呼べるもの、たとえば近親相姦、死体愛、獣姦などであった（レヴィティック）。目標倒錯（窃視症、サディズムなど）は、それからかなりあとになって区別されたものであり、長いあいだ対象倒錯と混同されていた。聖書における最初の近親相姦の記述はノアの息子ハムの行為である。この行為は「覗き見する」という表現で婉曲されている（「裸を視る」という表現は「父の妻のひとりと近親相姦的関係を持つ」という意味である。創世記九章、レビ記一八章）。

倒錯のなかで最も記述されることが多く、なおかつ抑圧されたかたちで表現されるのは、男色（ソドミー）であろう。創世記では、神に対する重大な罪とされ、宗教書のほとんどで厳格に禁止されている（創世記、ローマ人への手紙Ⅰ、コーラン、バルナバへの手紙、テルトゥリアヌスの著作、聖トマスの『神学大全』など）。

ギリシアや古代ローマでも、男色が寛容されるのは限られた範囲であり、基本的には禁止されていたと考えるべきである。アテネでは、少年愛は成熟した男性と思春期の少年のあいだでしか意味をなさなかった。「一本でも体毛が生えるとその関係は終わる」とさえ言われていた（プルタルコス）。少年愛は、真の愛であると同時に、教育的、通過儀礼的な意味合いを持っていた。反対に、成人同士の男色は罪に問われ、あらゆる性的暴力は厳しく処罰された。ローマでも同じように、男性市民が少年愛にふけることは許されたが、それは奴隷や自分で囲っている少年を対象とする場合に限られた。他の形の倒錯は侮蔑され、処罰されていた。奴隷制度が終焉を迎えたとしても、少年愛だけは問題とならなかったようである。ダンテ・アリギエーリは『神曲』のなかで、フランチェスカ・ダ・リミニの男色を淫らな行為とは見なさなかったが、無限の苦痛をもたらし、自然の摂理に背くものだとしている（地獄篇、第十五曲）。

ハイエナはその外観から性差を識別することが困難で、古くから毎年性転換すると考えられていた。そのため、最も古い動物誌においても、ハイエナはすでに倒錯を象徴していた。アルテミドールが「ハイエナは、醜い風習である性倒錯者を表わす」と述べたのは二世紀のことである。

フランス革命まで、男色家や、ときにはそれ以外の倒錯も残酷な方法で公開処刑されていた（『十六世紀から十八世紀までの男色のプロセス』、一九二〇年）。これは、当時における倒錯に対する社会の一貫した態度であった。

(B) 倒錯に対する社会の態度は一般的に以下のような特徴を持っていた。

法と慣習のあいだの大きな隔たり――倒錯は厳重に法で禁止され処罰されていたが、それにも関わらず実際には驚くべき寛容な態度で受け入れられていた。たとえばアラブ社会では、同性愛は処罰される行為であるにも関わらず、実際には充分に広まっていた。『モンタイユー――ピレネーの村』（ル・ロワ・ラデュリ）では、主任司祭は公然と女たちをたらしこみ、聖職者の独身制に従っていたと記述されている。最近では、小児性愛にふける教育者や聖職者が処罰されているが、こうした矛盾がかつてより存在していたことを示している。こうしてみると、宗教社会でも文明社会でも、倒錯の核心である二重性の問題は変質していないことがわかる。

「偉人」に対する許容性――英雄には、あらゆる倒錯が許されていた。ノアは全裸になることが許されていた。ロトはみずからの娘に子を産ませ、ファラオは自分の姉妹と結婚し、ネロは少年を陵辱した。イスラムのカリフたちは洗練されたサディズムを楽しみ、モンタイユー主任司祭は村の女たちすべての処女を奪った。ルネサンスの芸術家たちは、自分の師匠と密かな享楽に身を投じていた。ジル・ド・レ(1)のように、しばしばみずからの行為により手痛いしっぺ返しを食らうこともあったが、そのようなことはきわめて例外的なことであった。現在でも、著名な芸術家であるか、無名の人であるかで、同じ倒錯行為に対する世間の目は異なる。

(1) ジル・ド・レ(一四〇四〜四〇年) フランス西部ブルターニュ地方ナントの大貴族。百年戦争中のオルレアンの戦いでジャンヌ・ダルクを軍の総司令官として支援しフランスの英雄となる。手下を使って、何百人ともいわれる幼い少年少女たちを居城マシュクール城に拉致、虐殺した。少年たちの首を切り取り、噴出する血液を見て興奮、自慰に耽った。一四四〇年十月二十六日三十六歳で火刑。シャルル・ペローの童話「青ひげ」のモデルになったと言われている〔訳注〕。

ある特定の場所や祝祭において許容性が増すこと――古代文明において、倒錯はある種の祝祭の場では特別に許容されていた。ノアの裸の話は、おそらくこの種の祝祭と関係があると思われる。十二月十九日よりはじまるローマのサトゥルヌス祭は、ローマの黄金時代を復活させる祭りだが、この祭りのあいだは、社会的、性的価値観が完全に転覆することを許されていた。二世紀頃にイタリアにもたらされた、酒神バッコス祭も同様で、無礼講の口実となり、ついに元老院で禁止された。ギリシアでは、ディオニュソスが乱痴気騒ぎを演じている情景が描かれた花瓶がいくつも見つかっている。これらの情景が、集団においてどこまで倒錯表現が許されるかという限界点と言えるだろう。現代はこのような騒ぎを起こせる時（カーニバル、ゲイ・パレード、レイヴ・パーティーなど）や場所（フリー・パーティ、バーやプライベート・クラブなど）が復活している時代と言えよう。つまり、どんな形をとろうとも倒錯はつねに集団的表現として現われ、孤立や隔離と闘う方法を求めていたことがわかる。

良い倒錯と悪い倒錯を区別すること――男色や近親相姦、獣姦はつねに倒錯の「悪い」面を描写するのに使われてきた。これは社会秩序や、場合によっては「自然の摂理」さえも危険に曝すからである。しかし、他の倒錯はある種の人びとを特権化するために少しずつ認められるようになり、あこがれや熱狂の対象となることもあった。そのなかでもマゾヒズムと女性の服装倒錯は特殊な地位を占めていた。それでも、行き過ぎは糾弾されて、振り子の作用が必要であったことがわかる。キリスト教の起源からあらゆる形式のマゾヒズムが奨励されていたという説に反論は多くあるにせよ、マゾヒズムは、修道院制度が誕生しキリスト教徒が市民権を得るにしたがって明白になってきた。そしてみずからの限界に挑むような苦行が行なわれたり（コプト人マケール）、しばしば細部にわたるまで成文化された（パコミウスの会則）、禁欲して性的幻覚を見たことが伝説として語られることもあった（アントニウスの誘惑）。女性の服装倒錯が現われたのもこの時代である。「孤独な修道士や苦行者に変装して、女性であるという現実から逃げる。こうした例はビザンチン時代の最初の聖人伝にすでに記載されている」（【48】）。文学や芸術の領域では、女性のマゾヒズムは以前から公然のものとなっており（『O嬢の物語』）、色情狂を主題とした芸術は、近年華々しい成功をおさめている（『カトリーヌ・Mの正直な告白』）。

2　近年の医学化の動き

以上のような歴史的な視点からみると、十九世紀中旬に現われた医学の反応はきわめて革命的なことだったと言えるだろう。医学は結果として曖昧さを残したが、それでも大きな進歩をもたらした。医学の動きは、ヴォルテール（『哲学事典』でプラトニック・ラブに対して、同性愛を指す「ソクラテスの愛」という言葉を用いている）やディドロに引き継がれ、「啓蒙時代」の思潮を形成していった。一八一〇年にナポレオンによって新しい刑法が導入されたが、この新法はより寛容なものであった。十九世紀のフランスの精神科医にとっての最大の懸念は、倒錯を心神喪失とみなすことなく、倒錯者に責任がないと認めさせることであった。ピネルは一八〇九年に「デリールを呈さないマニー（妄想なき偏執）」という表現を用いて、倒錯を「道徳的狂気」として位置づけた。そうすることで、倒錯者に対してそれまで行なわれていた厳罰から逃れさせている。医学書は、倒錯を本当の精神病と較べながら、どのように独自性を獲得したのかを教えてくれる。エスキロール（一八三八年）は、「本能的、欲動的なモノマニー[1]」であるとし、トレラは「正気の狂気」と呼んでいる。彼らは多くの症例を鑑定し、詳細な臨床報告を行なっているが、この報告は現象学的な医学的アプローチに大きな衝撃を与えた。

(1) モノマニーとは、十九世紀にフランスで用いられた部分的狂気、あるいは部分的妄想につけられた言葉で、特定の傾向、行動様式、妄想などが病的にきわだっているが、他の面では障害がないという考え方に立っている〔訳注〕。

マニャンは一八八〇年の著作において、倒錯が「中枢神経系の階層化された機能障害」であるとして、神経生理学的に解釈するのが妥当であると述べている(【42】)。こうした実証主義的な概念は、セリューによって再び取り上げられ、アルノーに引き継がれている。これは神経学に基づいたはじめての倒錯の分類だが、まもなく根拠がないことが判明する。その後、臨床的描写がいっそう重視されるようになった。唯一の注目すべき革新は、一九一二年にデュプレが提案した「倒錯的体質」という概念である。これは道徳的な価値基準を最重要な位置に戻そうとする考え方である。

ドイツ語圏では、ことの展開はまったく異なっている。ドイツでは、革命の恩恵範囲を拡大して刑法を寛容にすることにはならず、数世紀のあいだ一歩も前進しなかった肛門性交に関する法に修正を加えることになった。プロイセン刑法第一七五条[1]は、男性間の肛門性交を厳しく罰している。また、オーストリア=ハンガリー帝国では、あらゆるかたちの女性の同性愛に対して同様の罪を規定している。十九世紀に精神の変革をもたらしたドイツの重要人物が、必ずしも医者でなかったのは、そのような理由からである。彼らは、同性愛が異性愛と同じように喜びをもたらすひとつのかたちであることを証明したいと考えた。この分野での最初の科学書は、一八六〇年に「ウラニスム」という用語を発明した法律家C・H・ウルリッヒによる著作である。この「ウラニスム（男子の同性愛）」という用語は、彼自身もそうであったように「男性の身体に女性の魂が宿っている」ことを表現している。彼は、こうした事態を、悪徳でも病気でもなく先天的な体質であるとみなした。医師であるウエストフォールも同意見であった。一八七〇年に、彼は、異性の性的感覚を有する若い女性の症例について発表し、神経症と同等のものであると述べている。この考え方は、のちにシュレンク・ノッツィングやビネにより修正されている。彼らは同性愛を子供時代に獲得した感情の結果であり変更可能なものとみなし、脱条件づけや睡眠療法を提案している。しかし、この点において最高の権威者は、A・モールである。モールの描写は、数が豊富で詳細であると名高い（一八九三年）。彼は、「男子の同性愛行為は、犯罪ではなく」、マニャンが指摘しているように脳の特殊機能のひとつであり、そこに苦悩がある場合にしか精神療法医による治療は必要ないと考えた。

（1）プロイセン刑法では、同性愛は一八五一年以降、死罪が廃止されたものの禁固刑に処せられ、市民権が剥奪された。

この法は一八七一年のドイツ帝国成立後もそのまま、同性愛者を取り締まる刑法一七五条として残り、レーム粛清事件の一年後にはナチスにより「改正」された一七五a条が公布された。戦後もそれは変わらず、東西ドイツで同性愛が犯罪でなくなるのは六〇年代後半になってからである〔訳注〕。

十九世紀後半は、同性愛に関する研究と平行して、あらゆる倒錯の形態に関する本格的な調査が徐々に実施された時代である。この調査は、クラフト＝エビングの偉大な『性の精神病理』（【40】）にまとめられた。内容の豊かさ、正確さ、正当性においてこの著作に匹敵するものはないと言えよう。確かにクラフト＝エビングは、当時の神経学の考え方に同意を示し、マニャンの実証主義的理論に少なからず賛成している。しかし、正常とされている性的機能と比較して、倒錯をまったく違ったかたちで分類している。彼が、自身の研究で検討した内容は以下の四点である。①性本能の無感覚（不感症、性的不能）②過感症（女子色情症であるニンフォマニア、男子色情症のサチリアジス）③感覚異常や、結合や生殖を目的としない行為で、狭義の意味で現在、倒錯と呼ばれるもの④正常な生理解剖学的プロセスから外れた性欲異常。この研究は、表面的には科学的であるが、言うまでもなく倒錯を良いものと悪いものに分ける二分法に依拠している（ランテリ＝ローラ）。『性の精神病理』は一八八六年に初版が発行されたが、一八九〇年の改訂版では、サドやザッハー＝マゾッホからサディズムとマゾヒズムが追加されている。最新版の出版は、一九三七年である。

イギリスでは、プリチャードが重要である。彼は一八三五年に背徳性症候群の概念を明らかにした。また、ハヴロック・エリスは、十九世紀末に偉大な成果を残している。彼は当時の遺伝主義や器質病論の概念に同調しつつ、明晰な心理学的理論を展開し、その理論は驚くほどの文化的広がりを有していた（【39】）。

体質論者や器質病論者の倒錯論は、瞬く間に受け入れられたが、科学的な根拠はとうとう見つからなかった。遺伝的体質、変質説、特殊な体質を持ち出すことは、当時の法律が定めていた厳罰から倒錯者を守ったという点では意味のあることであった。しかし、ハヴロック・エリスによって、倒錯が道徳の問題という考え方から解放されて、タブーを乗りこえたことも事実である。最終的に、彼の倒錯論が、倒錯を現在も残っている差別や分類基準にしまい込もうとする傾向から救い出したのである。

3　フロイトの転機

性倒錯論における最初の革新的変化は、十九世紀に起きたが、二十世紀に入ると、フロイトによる精神分析の発明が、新たな変化をもたらした。フロイトは前世紀までに作られた倒錯者と「正常者」のあいだの高い壁をあえて乗り越えようとした。それは、倒錯が世界的に共有された産物であり、必ずしも病的なものではないことを示すためである。倒錯は無意識、それも性的無意識に依拠しているとされ、この考え方は新たな展開をもたらした。つまり、倒錯はもはやアウトサイダーのための表現ではなく、最も基本的な様相のひとつと考えられるようになったのである。

一九〇五年にフロイトは『性欲論三編』のなかで、多くの同時代の研究者（クラフト＝エビング、モール、メビウス、ハヴロック・エリス、シュレンク・ノッツィング、ローウェンフェルド、ハーシュフェルドなど）が蓄積した、倒錯に関する研究の成果を参照し、精神分析に取り込んで、みずからの考えを発展させている。

実際には、フロイトはそのころ倒錯に関する著作をあまり残しておらず、彼の倒錯についての考え方が急激に変化したとは言えない。むしろ、ヒステリーや神経症についての著作が主であった。フロイトは『性欲論三編』のなかで、先天性や退化という考え方を批判しながら当時の考え方を部分的に肯定している。変化と言えるものは、二度にわかれて現われる。

まず、フロイトは比較論的なアプローチを行なった。倒錯は「ヒステリーのポジ」（一八九七年）であるとされ、子供は「多様な形をとる倒錯」（一九〇五年）、パラノイアは「同性愛に対する防衛」（一九一一年）であるとそれぞれみなされた。フロイトは、夢や機知、言い間違いを検討し、そこには多少なりとも倒錯的ファンタズムが抑圧され存在していることを指摘している。また、彼はそこから最初の本質的な概念を導き出している。それは部分欲動という概念である。部分欲動とは、窃視症的欲動、マゾ的、サド的欲動などであり、あらゆる比較を可能にする基本単位を形成する。この概念によって、フロイトは倒錯を孤立した集団から救い出し、これを隠蔽しようとする恥の感情に風穴を開けようとしたのである。しかし同時に、倒錯と欲動、あらゆる人に共通の欲動的セクシュアリティと倒錯的セクシュアリティのあいだに、ある種の混乱を残したことも事実である。フロイトは、倒錯をつねに性器性に関連づけていた。

次の変化は、一九一四年から一九二〇年にかけてである。ここではむしろ、倒錯と正常の違いに重点が置かれている。倒錯は部分欲動から構造化されると考えられ、部分欲動は最大限の快感を得るために用いられるとされた。フロイトは倒錯の特殊性を位置づけるために多くの概念を提案している。第二章で見ることとしよう。

フロイト以降も、多くの者が倒錯について引き続き研究を行なっている。ヴィルヘルム・ライヒはマゾヒストの分析を行ない(一九三二年【50】)、テオドール・ライクはマゾヒズムについて注目すべき著作を残している(【51】)。メラニー・クラインは子供におけるマゾヒズムとサディズムの太古的な起源を発見した。ギレスピーとグリーンナックルは、倒錯の相違について疾病学的な分類を行なった。

4 その他の流れ

精神分析に平行して、さまざまな分野でも倒錯に関する研究は行なわれた。

現象学的アプローチ（ビンスワンガー）——どちらかと言えば学問的には退化と言えるだろう。と言うのは、倒錯において攻撃性が果たす役割（E・ゲブサッテル、H・クンツ）、意味の欠如（O・シュワルツ）、正常との関係（ストラウス）のみを強調し、「愛の存在方法」との関係に位置づけようとしたからである（ボス）。このような記述的な視点は明らかに過小評価である。

北アメリカの「適応主義」的傾向——同じような考え方だが、これはより実用主義的な考え方である。二十世紀中旬のアメリカでは、性的問題は、集団に起因する衝突の結果（文化学派の主張、カレン・ホルネー）、異性への恐怖を適応させそこなったもの（ラドの適応精神力学）、表現不足の結果（サリヴァンによる対人間関係説）であるなどと考えられた。ハルは、倒錯を学習に関連した条件づけの結果であると考えた（一九四三年）。彼はパブロフに影響を受け、脱条件づけという治療を提案した。多くのアングロ・サクソンの国々では、この治療を施すことになるが、ヨーロッパでも、今もなおこの治療を行なっている施設がある。

性科学——大きくふたつの潮流に分けることができる。

ひとつは、膨大なアンケートによる統計的手法である。これにより、男性と女性のさまざまな性行動に光が当てられ、いくつかのタブーや無理解が撤回された（アメリカのキンゼイ、フランスのシモンなど）。もうひとつは、性生活をより良くしようという考え方である。アメリカのマスターズとジョンソン、フランスの臨床性科学学会などによって、さまざまな性技が生み出された。

社会学――それぞれの社会集団の性行為の意味作用が解明された。社会学は、過去の事例から社会のサド・マゾヒズムや攻撃性への偏愛を解明することに貢献した（ムンドゥグムール、ミード）。たとえば、移民や文化移転の影響を検討したり（ミード、ベネディクト、クラインバーグ）、あらゆる時代に存在し、どこに位置づければいいかわからない倒錯行為（売春、性犯罪）の意味作用を分析した。統計的観察やアンケートに基づいた現代社会学の潮流は、性倒錯に対するメンタリティを大きく改善し、ことを大げさにすることを戒めることに役立った。

一九七五年以降、倒錯に対する精神分析の立場は、倒錯を病的なものに限定する者（ストーラー）、この言葉を用いることに反対する者（バランド）、現代性の表出としてネオ・セクシュアリティという用語の使用を主張する者（マクドゥーガル）などさまざまであった。ラカン派は逆の方向性を打ち出し、倒錯を特殊な総体とみなし、倒錯を特徴づける過程を明確化した（ロゾラート、ピエラ・オラニエ）。最終的に、近年行なわれている性犯罪に対する臨床研究のおかげで、少なくともフランスでは、これら諸概念がある程度、再統合されるようになり、現象は総体的に、より冷静で柔軟な印象へと導かれていった（バリエ【2】）。

第二章　倒錯の分類

性倒錯のように複雑で多岐にわたる人間の現象を分類しようなどと欲するのは、馬鹿げたことのように思えるかもしれない。この分類したいという気持ちもまた倒錯ではないだろうか。というのが、とくに目立ったかたちの振る舞いを列挙するにとどめている国際的精神医学の疾病分類の見解である。

こうした考え方は、アメリカにおいてでさえ多くの支持を得ているわけではない。同類扱いが最終的に当事者を犠牲にすることは、歴史が証明している。「みんな同じである」などと宣言するよりも何らかの分類を行なったほうが良いこともある。というのは、こうした宣言は倒錯を非難することになり、軽蔑に繋がるからである。

しかしながら、倒錯についての決定的な目録など存在しないことも事実である。それでも何がしかの基準に応じたさまざまな分類が可能である。同様に、描写の隅々まで一致する「純粋な倒錯」などはどこにもないが、およそ似通った倒錯の形態は存在するし、多くの場合、他の倒錯と結びついている。とはいえ、過去に文学や臨床報告においてなされていた分類が、倒錯をいくつかの分類にまとめることを可能にし、倒錯を研究する者と実践する者のあいだに共通言語を作成するのに大きく貢献したこともまた事実である。

私はフロイトの著作から セクシュアリティの三つの形を抽出した(【8】)。それをこれから紹介することとしよう。一つ目のセクシュアリティのかたちは、自発的、暗黙的なもので、言語のなかに埋め込まれている。したがって、これが依拠するところは必然的に文化的なものである。これは基本的に、理想的セクシュアリティとの関連で練り上げられる。二つ目は、十九世紀に問いつづけられて、フロイトが最初に再検討したもので、すでに古典的な分類となっている。つまり倒錯を、性器的セクシュアリティに関連づける考え方である。三つ目は、現代的な研究から生まれたもので、倒錯を前性器的[1]な欲動的セクシュアリティに結びつける考え方である。つまり、人間のメンタリティを奥底で組織化している幼児性欲と倒錯とを関連づけようという考えである。

(1) フロイトは『性欲論三編』(一九〇五年)で快感を受ける身体部位は、口、肛門、性器という順序で発達するとし、このような性衝動の源泉となる身体部位の変遷と対人関係の発達とを関連させながら、人の心の発達を論じた。前性器的とは、精神性発達における性器統制の確立する以前の口唇期、肛門期、男根期の段階における欲動やリビドー体制を意味するためにフロイトが用いはじめた形容詞〔訳注〕。

I　文化による分類

私は理想的な無条件の愛において快感の本質を見つけようとする性的実践を、理想的セクシュアリティと名づけた。倒錯が語られはじめたとき、さまざまな理想に照らし合わせて分類が行なわれたが、用いられた言葉のそれぞれには、そうした理想の痕跡が留められている。倒錯を表わす種々の用語は、場所、時間、神話、伝説的な人物、目標、対象からなるある壮大なシナリオをもとに構成されているが、驚くほど倒錯者のそれと類似している。

1　有名な地名に由来する表現

ソドム——ユダヤ・キリスト教の伝統、また聖書において、もっとも忌み嫌われている倒錯が、放蕩の限りを尽くし、神によって滅ぼされたソドムと関連づけて定義されていることは前述したとおりである。その後、ソドミーは禁じられた不浄の身体の場という意味から、より広く肛門性交を意味するようになった。こんにちでは肛門性交は特殊な行為ではなくなっている。

レスボス――アテネのギリシア人作家が、同性愛者の一般呼称としてレズビアンという言葉を用いたのがはじまりである。詩人サッポー（紀元前七～六世紀）は宗教的女性結社の指導者で、少女の教育を担っていた。彼女の作品の多くは女性の魅力を褒め称えるもので、嘲笑の的とされていた。サッポーが、レスボス島の出身であったことから、アテネでは「レズビアン」と呼ばれ、やがて同様の自由を要求する女性すべてにこの言葉が用いられるようになった。「サフィズム的な快楽」と呼ばれることもある。面白いのは、レスボスという名前が男の名前だということである。レスボスは王の娘と結婚したため追放された神の名である。「レズビアン」という言葉は、日常用語になっており、もはや倒錯のみに限定されているわけではない。

しかし、こんにちでもレズビアンは、特定の通りや、公園、バーやクラブなどの場所と結びつくと倒錯を意味する。

2 「アンチ・ヒーロー」の名前に由来する表現

すでに述べたサッポーも、ギリシアの風刺作家たちが有名にしたアンチ・ヒロインの一人である。

他にも同様の役割を果たした二人の有名な名前をあげよう。

オナン――ユダヤ・キリスト教徒の伝統や聖書において、この名前は少なくともソドムと同じくらい不名誉なものとされている。聖書の創世記（三八章一節）に登場する人物で、死んだ兄の代わりに子孫を残すべく兄嫁と結婚させられたが、当時の法にのっとり子供ができれば父の遺産が自分のものとならないのを知っていたので、「子種を地面に流した」とされる。そのため、社会集団がセクシュアリティに割り当てた目的に逆らったという理由で、彼は倒錯とみなされることになる。オナニズムはマスターベーションの類似語となり、多くの倒錯において重要な位置を占めるに至る。もちろん、この行為自体は倒錯には当たらない。

ドン・ファン――ドン・ファン症とは、次々と女性を獲得することが生きがいとなって、いつまでも愛の遍歴を止めることができない人のことである。ドン・ファンは十六世紀スペインに現われてから、倒錯的な放埒者を意味するようになり、多くの研究が行なわれた（O・ランク）。カサノヴァはドン・ファン症ほど研究されていないが同じような役割を果たしている。シュヴァリエ・デオン[1]は、エオニズム（服装倒錯）の代表である。

（1）シュヴァリエ・デオンは、フランスの外交官、スパイ、兵士にしてフリーメーソン会員。その生涯の前半は男性として生き、後半は女性として生きた。死後、解剖した医師により男性であったことが発表された〔訳注〕。

3　半神の名前に由来する表現——フェティッシュ、ミューズ、ニンフ、サテュロス

時間や空間の隔たりを飛び越えて、快楽至上主義の古代ギリシア・ローマの異教文明の半神を持ち出すことによって、倒錯を多少なりとも不気味な中間存在として位置づけることができる。

フェティッシュ——マニャン（一八八〇年）の功績により、ビネ（一八八八年）以降、ある種の対象が必要不可欠となり、それによってしか快楽を得ることができない人びとのことを、「フェティシズム」という言葉で表現するようになった。この倒錯については、昔から数えきれないほどの文学的描写や臨床的な報告が行なわれている（O・ミラボー）。

ミューズ——ウラニアは占星術をつかさどるミューズである。ウルリッヒはプラトンの『饗宴』をもとにウラニズムという用語を同性愛に使うべきだと主張している（一八六〇年）。というのは、『饗宴』のなかで「ウラニアによる天上の愛と万人向けの愛」とを区別しているからである。ウラニズムは、「ソドミー（男色）」に対して作られた言葉で、同性愛には二つの形が存在し、良いものは神に由来するという考え方を支持している。このウラニズムという用語が、神々と人間の世界という分類にひそむ理想

化を物語っていることは明らかである。

ニンフ――ニンフォマニア（女子色情症）も同様である。この古い言葉（一七三二年）はギリシア語を起源としている。「マニア」という言葉が付くことから、ピネルの言うマニア（躁病）が想起されるが、魅了という意味に重点が置かれている。女性の性欲が亢進している状態を表わす（クラフト＝エビング【40】）。最近になってこうした状態が巧みに表現されている著作が、散見されるようになった（『カトリーヌ・Mの正直な告白』）。

サテュロス――ギリシア神話に出てくる半人半獣の神である。常時勃起した陰茎を持つ。サテュロスは男性の色情症を表わすのに使われる。ニンフォマニアと同じく、サテュリアシス（男子色情症）は古代医学の用語に属する（パレ、十六世紀）。しばしば、色情症にとどまらず男性の倒錯一般を表わすのに用いられることもある。このように神話に由来した名前を付け、倒錯に神的な由来を与えることは、われわれが無意識の側にあるものに、より接近しやすいという利点がある。この考え方は、フロイトによって引き継がれ展開されていくことになる。

4　有名な作家の名前に由来する表現――サドとマゾッホ

クラフト＝エビングが、この有名な二人の作家の名前から、自分が苦しんだり、相手を苦しませたりすることを目的とし、そこから快楽を得るタイプの倒錯に名前を付けたことはすでに述べた（【40】）。この用法は非常に説得力があったので、瞬く間に一般化された。しかし、こうした事実が実際に見られることは非常に稀であり、この種の倒錯に特有のことである。サドやマゾという名前が受け入れられたのは、先人の名前にならば、無意識な理想化をより容易に与えやすいからである。倒錯には、多くの伝説上の人物や偉人の名前が使われるが、サディズムとマゾヒズムは、いわばそのはしりである。

5　快楽の探求に由来する表現――露出症、窃視症、服装倒錯

快楽探求型の倒錯のうちで、最初にその探求方法から直接名づけられたのは、見る倒錯（窃視症）である。その後遅れて、一八八七年にラセーグが露出症、一九一〇年にヒルシュフィールドが服装倒錯を命名した。これらの倒錯を明らかにすることは、技術革新によって映像が過度に価値をもつような現代を先取りしていたと言える。

6　欲望の対象の名前に由来する表現

自然な秩序に背いてある対象にのめり込むことである。近親相姦や、小児性愛、同性愛などが、対象倒錯にあげられる。

Ⅱ　古典的な分類

フロイトは、同時代の他のほとんどの研究者と同じく、倒錯を性器的なセクシュアリティから導き出そうとした。この考え方は、クラフト゠エビングが提唱したもので、彼は倒錯を、性交に不可欠な要素である性対象に対する逸脱と、性目標に対する逸脱の二つに区別した。この分類はすぐに精神病理学において認められることになり、その限界にも関わらずその後も参照されつづけた。先に紹介した文化的分類のように、こうした古典的な倒錯の分類は時代の変遷にともない、その後ほとんど言及されることはなかったが、ここで少し紹介することとしよう。

1　性対象に対する倒錯

性的魅力が「対象」によって優位に発揮されるような人、あるいはそのような現実を、性対象倒錯と呼ぶ（『性欲論三編』【26】）。

(A)　人が対象となっている場合

フロイトは、錯誤やインバージョン（性対象倒錯）、あるいはパーバージョン（性目標倒錯）のような言葉を次々と用いて、こうした事態を説明しようとした。

(a)　近親相姦（inceste、十二世紀のラテン語では、incestus は「不純な」という意味である）——ほとんどの社会で断罪される。フロイトは、近親相姦はエディプス・コンプレックスの発見から生じたもので、代表的な対象の倒錯であるとみなした。

(b)　同性愛（フロイトは一九〇六年にようやくこの言葉を用いている）——正確に言えば、あらゆる同性愛が対象の倒錯に含まれるのはなく、一部の同性愛である。

(c)　小児性愛（一五八〇年）あるいは、老人愛——子供や老人を対象にする倒錯である。近親相姦、同性愛、小児性愛については、第六章で詳細に検討することとする。

(d)　ある種のナルシシズム（一八九八年）——ナルシシズムを最初に記述したのは、フロイトと同時代の研究者（ハヴロック・エリス、ネッケ、ザドガー）である。当時、この倒錯は対象の倒錯と考えられていた。主体は鏡に向かい合って自慰することでしか快楽を得ることができない。したがって、この場合の対象は自分自身であり、（鏡や写真、録音を用いるなど）さまざまなかたちで実践可能である。

(e) 死体愛――人間の死体を性愛の対象とすることである（リュニエによって、セルジャン・ベルトラン[1]、クリフォード・アレンによってクリスティ[2]、ロバート・ストーラーによってX夫人[3]が紹介されている）。精神薄弱や精神病が原因の場合もある。もっと控えめな形では、葬式で興奮したり、危篤状態のパートナーに病的な快感を覚えたりすることがある。こうした快楽が成立するのは、あらゆる離別の彼方に、無意識的な母への固着が存在するからである（ポー、ボードレール、モラヴィアなどの文学を参照）。ヴァンピリズム（吸血症）についても同様である。

（1）一八四九年三月一五日の夜中、モンパルナス墓地で遺体を掘り起こし、ばらばらにした罪で逮捕された人物。女性の遺体との屍姦も明らかにされた〔訳注〕。
（2）ロンドンの連続殺人犯（一九四〇年代～五〇年代）。妻や同じアパートの住民である母子などを殺害。六人の遺体を部屋に隠していた〔訳注〕。
（3）二十三歳の男が五十三歳の女性を強姦しようとしたが、抵抗されたために殺害。遺体を川に捨てたが、引き上げて屍姦した事件〔訳注〕。

(B) モノが問題となっている場合――これは部分対象であったり、禁じられた対象の等価物であったりする。

(a) 服装倒錯は、異性の服を着用することを必要とする。これは同性愛とは異なる。

(b) フェティシズムは対象の倒錯として最も明白なものであるとフロイトは述べている（一九二七年）。フェティッシュは「母のペニス」に相当する。

(c) 獣姦は、動物を特別なパートナーと見なして性関係を持つことである。これは歴史のなかではつねに報告されており（古代ギリシア史、フロイト、キンゼイ報告）、比較的よくあることであった。父親と理想化された動物のあいだには古典的な代理関係が存在することが知られている（『トーテムとタブー』）。

2　性目標の倒錯

フロイトが倒錯への最初のアプローチで目標と呼んだものは、部分的、予備的な行動である。これが性的満足を得るのに必要になり、それだけで充分に満足を得られるものとなった場合をパーバージョン（性目標倒錯）と呼ぶ。

(A) 視覚的快楽――これも目標倒錯に含められる。

(a) 露出症――突然みずからの性器を見せて相手が呆然としたところに性的快楽を感じる倒錯である。

(b) 窃視症——性生活を覗き見することによって視覚的快楽を得る倒錯である。

(B) 加虐と被虐が快楽に結びつく場合——両者のあいだには、同じ本質的な非補完性がある。

(a) マゾヒズム——フロイトは「受け身のアルゴラグニー（苦痛性愛）」とも呼んでいた。あらゆる性的苦痛を含む。

(b) サディズム——同様に「能動的なアルゴラグニー[1]」とも呼ばれる（『性欲論三編』【26】）。他人に苦痛を与えることで獲得される享楽や、残酷な行為を意味する。

（1）アルゴラグニー（algolagnia）は、苦痛を意味するギリシア語のalgnosと、欲望をそそるものを意味するlagneiaから作られた造語で、サディズムとマゾヒズムの両方を含む概念だが、あまり取り上げられることはなかった〔訳注〕。

(C) 快楽を受ける場所がより限局している場合——フロイトはこれを「性的過大評価」による倒錯と呼んでいる（『性欲論三編』【26】）。あらゆる快楽が一定の性感帯と結びついている場合である。

(a) 口——ディープキス、フェラチオ、クンニリングスなどである。

(b) 肛門や尿道——糞便や排尿に必要な器官が快楽に結びついている場合である。

(D) パートナーの選択や数の問題——異性を落とすこと自体が快楽の要素となっているような人（ドン・ファン症）や三、四人とプレイすることでしか快楽を得られないような場合も倒錯である。これは、ある種の出会いクラブではよく見られる。オルガスムを得るために、身体の欠陥、不潔、麻薬、独占的立場などの特殊な状態が必要とされる場合も同様である。混雑した公共交通機関や暗い部屋で、身体が接触することで快楽を得ているような痴漢も倒錯に含められる。

Ⅲ　臨床的分類

もはや現代においては、かつての分類では充分ではない。フロイトはそのことにいち早く気づき、倒錯を単なる逸脱として、単純に理想的セクシュアリティや性器的セクシュアリティとの比較で分析することはできないと考えた。つまり、欲動的なセクシュアリティと前性器的セクシュアリティとの関連で検討されなければならないと考えたのである。誰もが自分自身の最も奥底の秘密のなかに性的解決を構築している。誰も、何もそれに抗うことはできない。最大の問題は、各個人の性的解決が他人に害を及ぼさないことである。どのような性的解決が選ばれるかは、どんな部分欲動が重視され、とくにどの要素が特権化されているかによって決定される。したがって、まず外因的に倒錯を神経症や精神病と区別すべきである。そのうえで、精神分析が発見した欲動を構成する四つの要素に従って内因的に分類する方法が可能となるのである。

1 神経症、精神病、倒錯

神経症や精神病と異なり、倒錯は二つの決定的な過程によって特徴づけられる。それは性差を否認することから生じる分裂と、子供時代に特権化された部分欲動への再備給[1]である。

(1) 備給とは、経済論的見地に基づく概念で、心的装置によって欲動エネルギーが移動され変形されて、その結果、欲動エネルギーが、ひとつあるいは複数の無意識の表象へと結びつけられること〔訳注〕。

分裂というのは、倒錯者はふだん神経症として振る舞い、性的快楽を求めるとき以外には倒錯が現われないことである。この分裂はしばしば気づかれず、病理が重くなり真の断絶に至ってからはじめて顕在化することがある。一九二七年、フロイトがフェティシズムについて述べたとき、神話的とも言える言い回しで、この分裂の原因について、非常に筋の通った説明をしている。しかし、この過程はまったく無意識的で、抑圧されているということは強調しておかなければならない（ロゾラート【52】）。否認についても同様であるが、その点については、フェティシズムの章で述べるつもりである。これは自己欺瞞や詐欺などとしばしば混同されるが、はっきりと区別しなければならない。分裂とは、倒錯者が性差を認め神経症として反応しながらも、一方でこの性差が存在しないかのように振る舞うことである。

2　倒錯と部分欲動

倒錯者のもうひとつの特徴は、自我の一部において性差が否定されていることであり、このことが、いわゆる症状を練り上げるのに役立っている。そのような角度から検討してみると、倒錯は子供時代に獲得した欲動的セクシュアリティが、窃視症、サディズムなど、特殊な形態に形を変えて姿を現わしたものである。つまり、倒錯は、部分欲動が再現したものである（【45】）。部分欲動は、四つの要素で構成されている。四つの要素とは、衝迫、器官（口、目、皮膚、肛門など）への備給を伴う源泉、対象、そして目標である（【8】）。

倒錯者は、大人のセクシュアリティを構成しているこの四つの要素を一連のものとして、みずからの快楽を最大限にするためにこれらを用いている。フロイトは、それぞれの要素を以下のように説明している。

衝迫――これは子供時代の特定の羨望から生じる。倒錯者においては、何でもない現在の出来事と、極度に抑圧された無意識の要素が不安定な瞬間に出会うことで生じる。したがって、エスのセクシュアリティ、つまり基本的なセクシュアリティが、まず問題になる。

源泉——上記の衝迫を処理するのに、ある器官や身体の一部が必要不可欠となったとき、これらの器官を源泉と呼ぶ。倒錯者は、独自の力動によって、これらの身体器官に、欲動的、前性器的なセクシュアリティを備給するのである。

対象——子供は満足を得るために、形を変え移動する部分対象を求める。倒錯は本来の性、ファリックな対象、あるいは性的対象へと変化させられた人物によって支配されている。このような仲介者を経ることで、倒錯者はほとんどいつでもオルガスムに達することが可能となり、性器的な性行為を行なうことができる。

目標——倒錯者において、倒錯の作用は、ある特定の目標に対して機能する。ここで意味する目標とは、単純な部分的快楽や子供が他者と出会うことで感じる喜びではない。倒錯者の目標は、理想に立ち向かうことであり、相手を逆上させることである。そうすることで、快楽が絶頂に至るのである。したがって、倒錯者は、精神分析に不可欠なもうひとつのセクシュアリティの形態である理想的セクシュアリティに重要な点で挑戦している。

このように、倒錯者は子供時代の部分欲動から借りたモデルに従い、セクシュアリティの四つの形を一連のものにしながら、大幅に増大された快楽を受け取っていることがわかる。しかし、倒錯者の実践が、どれも同じ結果をもたらすとは限らない。というのは、これら四つの要素が相互にどのように強調されているかに左右されるからである。

3　いわゆる臨床的分類

倒錯を構成している欲動のシステムは、性の実践を介して控えめに垣間見ることができる程度であり、表向きは、ほとんどの症例で深刻な症状として現われない。ところが、環境によっては、患者に働く衝迫がしばしば過剰になり、このシステムが暴走し、普段の行動から離れていってしまうことがある。快楽を構成する要素が四つあるとすれば、倒錯患者がそのうちのどの要素に絞ってシナリオを構成するか、その要素に付随するセクシュアリティが何であるかによって、他者を傷つけたり、傷つけなかったりする。したがって、以下のような区別を導入しなければならない。

源泉の倒錯――患者は高まりすぎたリビドー的力動を、源泉あるいは性感帯に固着させ、欲動的セクシュアリティを優先的に機能させる。ほとんどの場合、源泉の倒錯は自発的な行為である。大部分のマゾヒズム（苦痛主義、自傷行為など）や、ある種の同性愛、窃視症がそれに当てはまる。患者は、こうした行為が快楽に到達するために必要不可欠であると考えており、意識的に行なっている。傷つけるのは自分自身のみだが、生命に危険が及ぶことは稀である。

対象の倒錯——ある特定の性的対象に衝迫を集中させることである。この場合、前面に出てくるのは性器的なセクシュアリティである。対象倒錯は、意識的であっても無意思的に行なわれている。フェティシズムや、服装倒錯、源泉の倒錯に属さないその他の形態の同性愛、男性の痴漢、女性のニンフォマニアなどがそれに該当する。これらの倒錯は、かなり患者の意識を拘束しているが、性器的な私生活に限られている場合がほとんどである。このタイプの倒錯者がパートナーを無理に自分の嗜好にあわせさせるようなことはない。

欲動的な意味における目標の倒錯——理想化されたセクシュアリティと対決するため、挑発することで快感を得ようという倒錯である。これらの倒錯者は理想、もっと言えば尊重しなければならないとされている理想化された対象と闘っているのである。以下の二通りの実践方法がある。

・距離をとることで、自分に直接的な被害が及ぶことを避ける場合。露出症者が身構えていない弱い者を相手にする場合などがその例である。

・直接的で攻撃的な方法が取られる場合。その結果しばしば重大事に至ることがある。倒錯者が、子供や女性、高齢者、死体、すでに何らかの被害に遭っている者、近親者などを性対象に選ぶ場合に起きる。

欲動的な目標倒錯のほとんどは、衝動的である。ある特定の瞬間に、まさに突然、必要に駆られたかのように現われ、反復の自動性に身を委ねてしまうのである。

衝迫による倒錯——特定の状況下で衝迫が生じると、すべてを根こそぎにするタイプの倒錯である。完全に常軌を逸した状態において勝利を収めるのは、エスによるセクシュアリティ、つまり基本的なセクシュアリティである。これが、いわゆる強迫的倒錯と呼ばれるもので（バリエ）、最もわかりやすい例では、病的に繰り返される強姦などである。

目標や欲動的衝迫が重視されているような倒錯は、次のような特徴を持っている。

密閉された分裂——暴力的倒錯者は、自分の行為を誰にも打ち明けることのできない秘密のものと考えており、そのことが治療への妨げとなっている。無意識における行動はきわめて精巧に仕組まれており、患者がほとんど意識していないので、事件化したときに、裁判所が患者の責任能力について検討しなければならないほどである。

欲動が本能へと変換されること——多くの欲動的、強迫的な行為において、欲動が機能的なものへと変換されてしまうことがある。そのせいで、欲動の多様性や融合といった人間特性が、ステレオタイプ化された破壊的な本能的行動へと変化してしまう。倒錯は、動物的で本能的な意味における破壊性と混同されることがある。しかし、これらの例は倒錯システムが失敗しているのである。いくつかの極端な例を、あとで検討してみることにしよう。

以下の章では古典的な分類に従い、マゾヒズムとサディズム、窃視症と露出症、同性愛と小児性愛といった対で倒錯を検討することとする。そして、このように対になった倒錯がそれぞれ異なる問題系にあり、各問題系に対して的確な対応が必要であることを臨床的分類から明らかにしよう。

4 ファンタズムの問題

倒錯においてファンタズムが実際に果たす役割について、精神分析家の意見は分かれている。ファンタズムが決定的、本質的な役割を果たしており、実践の一部始終の動機をなしているとする考え方（テオドール・ライク、ヴィルヘルム・ライヒ）と、逆に、倒錯者は神経症患者と比較して、ファンタズム化の機能がうまくいっておらず、その不備を埋め合わせるために無数の方法をとらざるをえないのだという考え方がある（ミッシェル・ドゥ・ミュザン、M・フェイン）。それ以外にも、倒錯者においては、ファンタズムや想像界が象徴界に優っていることが、障害の鍵を握っているのだという考え方もある(ラカン)。病状がさらに進行すると、倒錯者はただひとつのことを実践することで、徐々にファンタズムを消し去るようになっていく。私の意見では、精神分析が目指しているのは、ファンタズムの回帰を手助けすることである。[1]

(1) 想像界、象徴界とは、ラカンの精神分析用語のひとつで、現実界と三つ組で語られる。想像界はおもにイメージの支配する場で、象徴界は言語を中心とする構造的な場である。現実界は、それらから抜け落ちた本質的に接近不可能な場である〔訳注〕。

第三章　サディズム的倒錯とマゾヒズム的倒錯

サディズムとマゾヒズムは、今から一世紀以上も前にクラフト＝エビングが命名して以来、性倒錯のなかで最も研究されてきた分野である。フロイトは、一九〇五年の『性欲論三編』で「性対象に痛みを与えようとする傾向と、性対象から痛みを与えられようとする反対の傾向は、あらゆるパーバージョン（性目標倒錯）のうちで最も頻繁に現われ、最も重要なものである」と述べている（【26】、九一頁）。倒錯症状が過剰に現われている症例を詳細に検討すると、マゾヒズムとサディズムを臨床的にまったく異なる分類に位置づけなければならないことがわかる。マゾヒズムとサディズムは、どちらも主体が望む特定の具体的条件において、苦痛と屈辱から快楽を得ているが、結果としてまったく異なるかたちになってしまっている。まず、両者に共通の特徴から検討してみることとしよう。

I　サディズムとマゾヒズム

当初フロイトは、サディズムとマゾヒズムがあらゆる人に共通の欲動であり、この二つの性向が衝突すると外から見てもわかるような倒錯になると考えた。この考え方は、のちにフロイトの弟子たちと、研究者たちのあいだで論争の引き金となった（ラプランシュ／ポンタリス【45】）。フロイトは、のちにクラインとウィニコットが主張する、原初的で破壊的なサディズムというものを認める一方で、マゾヒズムこそが一次的なものであると考えた。

1　欲動、性向、性格

倒錯の根源である部分欲動は、一般に性向や性格と呼ばれるものの起源でもある。

苦痛を無意識に求めるような特徴を持つ人格のことを、道徳的マゾヒズムと呼ぶ。このマゾヒズムは、失敗神経症の最たるものである（ラフォルグ、エイガー）。失敗神経症の症状はきわめて変化に富んでいるが、罰を受けることや不幸を感じることで興奮し、絶え間ない精神的苦痛などを必要とするというのが特徴である。失敗神経症では、罰や苦痛を無意識的に求めるという欲求が高まっている。この欲望はどんな人にも存在しており、精神分析は、これを人間の心理現象のなかで最も驚くべきパラドックスのひとつであるとみなしている。治療が長引いたり、失敗したりすることに喜びを見出す患者の否定的な治療反応は、そうしたものから生じている。

本人がつねに不満を抱き、周囲の人間から一貫して拒否される状態が固まってしまっている状態を、マゾヒスト的性格（ライヒ、ケスタンベルグ）という。生まれながらのマゾヒストは、生きる喜びを味わうことができず（ナハト）、病気や災害時にしか真の満足を得ることができない。精神分析家のなかには、この生まれながらという概念を重視しすぎることに異議を唱え、マゾヒズムを強迫神経症型の葛藤の反動形成[1]にすぎないと主張する者もある（ジャン・ラプランシュ）。一方で、マゾヒズムは特殊な構造化の試みであるとして、神経症と倒錯のあいだに位置づけられると主張する精神分析家もある（アレキサンダー、グローバー、ケスタンベルグ）。

（1）反動形成とは、自我が抑圧した無意識的傾向に対する反動として、それと正反対の傾向を意識面で形成すること。自我の防衛手段の一つ〔訳注〕。

サディズムについても、欲動と、性向、サディズム的形成を区別することが重要である（ボネ【9】）。表面上は人類愛的な形をとりながら、他人の苦痛に喜びを見出している場合もある。この傾向は、道徳的サディズムと呼ばれることもあり、法的、道徳的、宗教的な要求に潜んでいる（エイガー）。しかし、このタイプの人が分析や精神療法に頼ることは稀である。サディスト的性格とは、性的にはサディズム的特性が確認されないが、こうした喜びが固まっている状態のことである。

倒錯と異なり、これらの性格は性的な特性ではない。しかし、こうした性格が総体的に個人を作り上げているのである。倒錯の場合、倒錯的性向を心の奥で受け入れることができない場合が多い。そのような倒錯的マゾヒストが、どんな苦痛をも拒絶することはよくあることである。また、サディストが、先に問題としてあげた分裂の結果として、他人に対して非常に尊敬の念をもって振舞うことは、さらに頻繁に認められることである。

2　苦悩、苦痛、屈辱

サディズムとマゾヒズムのあいだに現実的な連続性が存在するのは、この連続性が、苦悩や苦痛、屈辱といった特別な情動と結びついているためである。こうした感情は、倒錯や性格のように自覚されている形であれ、道徳的な意味でのマゾヒズムやサディズムのように多少なりとも否定された形であれ、中心的かつ統合的役割を果たしている。

苦悩や苦痛、屈辱といった感情は、サド的な徴候とマゾ的な徴候にある種の共通性をもたらしているだけではなく、人類の善の体系においても中心的な役目も果たしている。苦痛と屈辱は、とくにアイデンティティを確立するための手段になる。そのようなやり方は、不自然に思われるかもしれない。しかし、禁欲や神秘的経験が、人びとのアイデンティティの強化に役立つことは、過去の歴史を見ても明らかである。

3 サディスティックな倒錯、マゾヒスティックな倒錯、そして記録

倒錯のなかでもサディズムとマゾヒズムは特別な位置を占めている。これらの倒錯は、身体を通して、もっと正確に言えば触ることを通して、痛みから快楽を得るという特徴を持っている。こうした倒錯は、自我と皮膚のあいだの想像的な均衡において機能している。このことはフロイトがすでに指摘していたことだが、もう一度注目したのはアンジューである。リビドーが最も備給される身体部位は肛門であり、肛門はしばしば指向対象となる。というのは、肛門は性分化していないからである（シャスゲ・スミルゲル）。

サド侯爵にとって、肛門性交は当然のことであった。肛門からの排泄物と倒錯小説の創作との類似、さらに意味を広げて、紙の上に書かれた文章と身体への書き込みとの類似は、これまでにも何度となく指摘されている（ジャン・スタロビンスキー）。それがわいせつであろうとなかろうと、古代の線刻画の多くに、倒錯的な様相が認められるのはそのためである。

このタイプの倒錯者は、現実的に書き込みたいという衝動から、あとで振り返ることができるように、自分の欲望から生じたものを強固で持続可能な形で残しておける場所を求めている。倒錯のなかでもサディズムとマゾヒズムだけが、そうした試みに成功した作家の名前に由来しているは、その為であろう。

4　サド・マゾヒズム

サディズムとマゾヒズムが容易に入れ替わるような人を、サド・マゾヒズム的性格と呼ぶ。したがって、どちらかの傾向が除外されているという、この言葉の本来の意味からいうとサド・マゾヒズムを倒錯と呼ぶことはできない。ラガーシュは、サド・マゾヒズムを内精神的な葛藤の系譜に位置づけている。ラカンはむしろ、これをマゾヒストの特徴の一つとみなしている。

Ⅱ　サディスティックな倒錯

パートナーに、それがいかなるものであれ、現実的な苦痛を与えることなしには、性的な快楽を得ることができない場合をサディスティックな倒錯と呼ぶ。このような人は、自分にしか通用しない数多くの習慣や儀式に従って行動している。サディスティックな倒錯は、パートナーの同意を得て実行されることもあり、その場合はそれほど問題とならない。しかし、パートナーが暴力的な方法で無理強いされていることもある。方法としては、(ナイフや首締めなどで)殺害に至りうるような暴力から、夫婦間暴力(ドメスティック・バイオレンス)、電話による嫌がらせ、乳房や尻への注射、引っ掻きなどの比較的軽微な暴力までさまざまである。

このサディスティックな倒錯という概念は、クラフト＝エビングによって一八九〇年に提唱された。こんにちでは、サディスティックな倒錯は、古典的臨床マニュアル(クラフト＝エビング、ハヴロック・エリス)だけでなく、文学(サド、バタイユ)や映画(『ソドムの市』、『インモラル物語』、『素肌の涙』)などさまざまな領域で描かれている。しかし、サディズムを描くこととサディスティックな行為そのものを混同してはならない。（クロソウスキーなどによれば）サド侯爵らがサディスティックな行為をテーマに執筆したからと言って、それだけで彼らがサディスティックな倒錯者であるとみなすことは誤りである。

1 病的徴候

(A) 行為――サディストは「有言実行」であると言われている。サディストの実践とは、まず行為に移すことであるが、その行為は誰にも知られることなく、またある意味では自分自身にさえ意識されることなく普通に日常生活を送りながら、充分に時間をかけて用意されることもある。しかし、ときが来れば、患者はいやおうなしにサディスティックな行為を決定的かつ永久に実行せざるをえなくなってしまう。

フロイトの『性欲論三編』の補稿によれば、サディズムは能動的な原初的マゾヒズムに由来している。サディストの狙いは、無意識的に脅威となっている侵害感を他者の身体に植えつけることだが、決して成功に至ることはなく、サディスティックな行為は反復されることになる（ボネ【11】）。

(B) 苦痛と侮蔑を生み出す者――サディスティックな行為には、動機がある。乱暴に挿入したり、噛んだり、刺したり、傷を与えるといった行為が快楽をもたらすような効果を得るために実行される。また、この効果は、明白で現実のものでなければならない。そして、その証となるのが、他者の苦痛である。また、理想の対象、あるいは理想化された対象が現実的に傷つけられ、卑しめられることも必要であり、相手が配偶者であろうと、子供であろうと老人であろうと、それは重要ではない。サディストは、自分自身を冷淡で無情であると感じている。

(C) 性的領域における限界――あらゆる倒錯と同じくサディスティックな残虐行為は、（カップルのような）現実的なものか、（公共交通機関におけるスカート切り魔のような）想像的なものかを問わず、限られた空間で行なわれている。すべては、この空間を作り上げて、その空間をできる限り秘密裏にするために費やされるが、証人や覗き見するものとして、多少なりとも共犯関係にあるものが存在を許されることもある。

サディスティックな行為は、通常とは逆のかたちで、現実に性器的な行為として実行される。つまり、普通の人はパートナーを喜ばせて快楽を得るが、サディストは苦痛と侮蔑を与えて満足を得ている。

(D) 儀式化――サディストの行為全般を検討すると、サディスティックな行為が、最も古い意味における生け贄の儀式のように見えることがある。つまり、理想的な目的が逆転している。フロイトは一八九七年一月二十四日の日記に以下のように記している。「倒錯を原初的な性的信仰の名残と考えるべきであるとほぼ確信するに至った。その原初的な性的信仰は、セム人にとってはひとつの宗教であった」（モロク、アスタルテ信仰）。ロジェ・バスティードも、「人類のあらゆるエネルギーを受け止めて怪物になってしまった母親を殺して、生け贄として捧げるという物語の原型であろう」と述べている。場所や、時、方法といった環境は念入りに準備され、サディスティックな行為が自発的に計画された犯罪とされないように工夫されている。

(E) 生活のなかで定期的に現われる暴力的行為との関連――サディズムと、処罰、戦争、紛争で繰返される残忍な行為とを比較することで事情が明らかになる。

死刑、拷問、集団レイプなど戦争の名のもとに犯される行為は、いかに多くの人にサディスティックな倒錯が存在し、それを禁じるものが何もなければ極端な形で現われるかを浮き彫りにしている。サディズムと比較してみると、こうした行為がきわめて性的な特性を備えていること、その発生要因、そして、なぜこれほどまでに寛容視されているのかその理由がわかるだろう。

このような見地から見ると、拷問行為はレイプに類似している。レイプについては、最終章で検討するものとする。

2 無意識的な意味作用

サディスティックな倒錯では、性対象と性目標がともにゆがめられている。しかし、重要なのは目標のほうである。と言うのは、サディスティックな行為の目的は、単に損害を与えることだけではなく、すでに確立された理想への挑戦でもあるからである。つまり、こうした行為は、まさしく現在の秩序に対する挑発的行為であり、かつて実際にこの理想を具象化した人や、おそらく具象化したと思われる人を標的にしている。

サディスティックな犯罪者が、無意識のうちに、過去に身近な者から受けたトラウマを——彼らはトラウマを与えた事実にさえ気づいていないこともある——彼ら自身の口から吐露するように迫ることで復讐しようとすることがある（ボネ【9】）。

精神分析は、こうした行為には意味があり、時期、場所、犠牲者のタイプ、用いられた手段などの正確な状況からその意味を解読することができると考える。このような行為の象徴的様相は、感情的な抵抗が生じるため無視されることが非常に多い。

3　サディストとマゾヒストの特性

ジル・ドゥルーズの『マゾッホとサド』（【19】）によれば、サディストとマゾヒストにはとくに以下の違いがみられるとされている。

・サディストが思弁的で論証的能力に優れているのに対して、マゾヒストは弁証法的で想像的能力が豊かである。

・サディストは量的に行為を繰り返す傾向があるが、マゾヒストは洗練さを増しながら質を高めようとする。

・サディストを無気力と表現するならば、マゾヒストは冷淡である。

・サディストが法のうえに位置づけたアイロニーを操るのに対して、マゾヒストはユーモアを使い、アイロニーを嘲笑する。

・サディストは母親を否定して父親を重用視するが、マゾヒストは母親を否認しつつ父親を消滅させる。

・サディストは社会制度に依拠するのに対して、マゾヒストは個別の契約事を好む。

4 刑罰

日常的サディズムとも呼べる夫婦間の暴力行為は、まさに社会問題となっている。こうした制御できない危険な衝動は厳しく取り締まられなければならない（フランスでは夫婦間暴力によって三日で一人ものペースで女性が死亡している）。しかし、治療が検討されるのは、患者がすでに衝動的行為を行なう状態から脱したあとである。社会におけるサディズム的犯罪は、稀であるが大事件になることが多いので、判事や社会全体に難題を投げかけることになる。サディスト的な殺人者は、レイプや殺人を犯すとき、精神的、肉体的に良好な状態にあり、事情を心得ており、さらに計画的ですらある。ところが、自分ではどうしようもない内なる力にかられた状態にあるとも言える。

したがって、強制権(1)の発動はやむをえない。しかし、強制権を発動するだけで事足りるわけではない。サディズムは行為を儀礼化することで、対象がきわめて限られた人や状況に制限され、その危険性が減少することがわかっている。患者の要求に合致すれば、そこを出発点として考察や治療を試みる価値があるだろう。

（1）強制権とは、事前に違法行為を抑止したり、事後に違法状態を終結させるために、物理的・心理的圧力を加える活動のこと〔訳注〕。

Ⅲ　マゾヒスティックな倒錯

きわめて変化に富んだやり方で——その実行方法を自分で前もって決めているのであるが——肉体的な苦痛を受けることなしには、性的な快感を得ることができない人をマゾヒスティックな倒錯と呼ぶ。マゾヒズムは自由意志による倒錯であり、その起源は欲動にある。サディズムは、われわれを怖がらせるが、マゾヒズムは微笑ましい。サディズムは世間を騒がせるが、マゾヒズムは気づかれないことが多い。サディズムは、拒絶され、厳しい非難があびせられるが、マゾヒズムは性的な行為として、広く受け入れられており、さまざまな性的な実践ネットワークにらくらく溶け込んでいる。

サドの作品とサディズムを混同してはならないのに対して、オーストリア人作家、レーオポルト・フォン・ザッハー゠マゾッホ（一八三六～九五年）の小説を引用せずにマゾヒズムを語ることは難しい。彼は晩年の小説『毛皮を着たヴィーナス』（一八七〇年）で、妻ワンダとのマゾヒスティックな性生活を描写している。

先述のクラフト＝エビング、フロイト、ドゥルーズ以外にもテオドール・ライク（【51】）、ヴィルヘルム・ライヒ（【50】）、サーシャ・ナクト（『マゾヒズム』）、E・バーグラー（【3】）をはじめとする多くの論者が、臨床的な見地から、マゾヒズムにおける性的特殊性について研究し、その成果をあげている。

1　症状

(A) 現実化された儀式——シナリオ

サディズムが、儀式化されてはいるものの、なにより衝動的行為として現われるのに対して、マゾヒズムは現実化された儀式として出現する。ここで重要なのは、すでに練り上げられた体験を実行に移すという行為化ではなく、その体験そのものである。ここで言う体験とは、想像的なシナリオにそったものであり、マゾヒストは演出家と主役を兼ねている（「自分が監督を務める映画に出演するとき、最高の演技ができる。」ウッディ・アレン）。

そのシナリオは、キリスト教の典礼のようにきわめて明確かつ体系化された規則に従っているので、儀式と呼ばれるのである。サディストは、あまり意識しないでこの種の欲求に従っている。一方、マゾヒストはしばしばその意味を知らないことはあるが、そうした要請が存在することはよく知っている。マゾヒストは、それが自分に快楽を与えてくれると知っていて、その要請に進んで従うのである。

(B) 苦悩と屈辱を生み出しながら――デモンストレーション的な特性

役者であり演出家でもあるマゾヒストの狙いは、受けた苦痛を、忍従や屈辱によって倍化させることである。その苦痛と屈辱は、ともに現実であること、可視的であること、コントロールできることが必要である。

マゾヒストが現実的なのは、苦痛を伴う方法を実際に使用するからである。尻をたたかれること、鞭打ち、足で踏まれること、拷問などという方法がとられる。それ以外にも、足や肛門を舐める、尿や大便をするといったような屈辱的な方法も用いられる。このときに選ばれる身体的部位は、性感帯と完全に一致する。

上記の虐待には、想像であれ、現実であれ、目撃者がいることで効果が倍増されることから可視的であると言える。テオドール・ライクは、そこにデモンストレーション的な特性を見出し、マゾヒズムの本質的様相のひとつであると述べている。また、ヴィルヘルム・ライヒは、そこに治療行為を支える原動力を見いだしている。

サディズムと異なり、マゾヒズムの行為は、身体に危険が及ばない程度にコントロールされている。マゾヒストは、自分の命や重要な臓器（とくに目や性器）を危険にさらすことは滅多にない。ミシェル・ド・ミュザンが述べているような、切断という重大な事態を招いた症例においても、感染症も合併症も起こっていない（【46】）。

(C) 性的快感をできる限り最後まで引き延ばす

マゾヒストの行為は、必ずと言ってもいいほどオルガスムに達することができる。苦痛が決められた閾値に達すると、興奮が少しずつ段階的に高まり、オルガスムが得られる。ストーラーは、これが真の「トランス」であると述べている。テオドール・ライクは、こうした快感のタイムリミットを先延ばしにしようとする方法を中断因子という表現で説明している。

(D) 詳細を決められた枠組みのなかで――マゾヒストの契約

ザッハー＝マゾッホが妻ワンダに宛てた有名な契約書がある。この契約書には彼の妻への要求がこまかに記載されていた。現実にはこれほどはっきりしたものは稀だが、この契約書はマゾヒストの問題体系をよく表わしており、マゾヒストの契約の典型的なモデルとみなすことができるだろう。この契約は、閉鎖的で孤立したシステムを作り直して、性的に親密な関係の代理とすることを目的としている。

マゾッホは、鞭、先の尖った靴、衣類といったひとつひとつの物の場所、意味、使用法を定めている。これらの小道具たちが果たす役割は決められており、決まりを守らなかった場合の罰や報復についてのシステムまでもが規定されている。

(E) 大幅に増大された暴力の見地から——性的挑発因子

外から見ると、マゾヒストのシナリオは、サディズムの行為と同じくらい残酷で破壊的であるように見える。マゾヒストの暴力性は、はじめは抑制されており、少しずつ表に出てくるので、その暴力性はますます苛烈になるしかない。したがって、罪悪感や外傷後の感染症や合併症といった精神的・身体的影響から免れて、マゾヒストが実際に深い安堵感を味わうのは、すべての行為を完遂したのちである。また、マゾヒストは、見物人にみずからのゲームに参加させ秘密の共有を強いることで、見物人に対する軽蔑と自分に屈服させたい欲望をみごとに表現している。この観客の存在こそが、テオドール・ライクが性的挑発因子（性的に攻撃的な姿勢）と名づけているものである。マゾヒストのサディズムは、サディストのサディズムよりも手が込んでいるが、それ故にきわめてエロチックなものとなっている。

(F) あらゆる行為を想像的に再上演すること——シナリオの本筋が、完全に想像的なかたちで構想されることは珍しくない。本人が実際に演じることができないような場面を夢想したり、映像、映画、写真を用いて上演することで性的活動をオナニーという形で行なう。これは、ファンタズムがマゾヒストにおいても主導的な役割を果たしており、マゾヒストの実践はそれがどんな形であろうとも根本的に孤独なものであることを示している。

マゾヒストの実践が、外見上は性的不能や半不能、性器の痛み、早漏などの恥辱や屈辱をもたらす性的問題として、正常な性関係に含まれることもある。

2　無意識の意味作用

マゾヒズムの発生と意味作用を明らかにするために、フロイトは『子供が叩かれる』(一九一九年)でファンタズムの三段階について説明している。

- 「お父さんがわたしの嫌いな子を叩いている」。原光景であり、実際に目撃した出来事をもとに作られたファンタズムである。
- 「わたしがお父さんに叩かれる」(方向転換)。分析によって校正された、実際には存在しなかったファンタズムであり、深く抑圧されている。
- 「ある子供がお父さんに叩かれる」(逆転)。曖昧な要素で構成されたファンタズムだが、強く備給されている。

ライクは実際の臨床例にこの三段階を当てはめることで、マゾヒストのシナリオやファンタズムの構成要素が分析可能であることを示してくれた（ボネ【5】、三三頁）。フロイトが著書のなかで、倒錯と神経症の各方向に進んだ女性の症例をとりあげたことは、もっと強調されなければならない。

この倒錯の症例で驚かされるのは、マゾヒストが欲動の源泉となる器官に性的快楽を集中させるとき、それが大きな損失と引換えに行なわれていることである。おそらく、他に制御する方法がみつからないほどの強すぎる刺激や早期の刺激に対する反応であろう。

この種の態度の根底にある、多少なりとも無意識の次元にあるファンタズムが徐々に再出現することで、患者に何らかの変化が訪れることもある。しかし、そのためには、シナリオの各要素が無意識において何を意味するものであるかを解読する必要がある。

3 女性的マゾヒズム

フロイトは、一九二四年の論文『マゾヒズムの経済論的問題』（【32】、二八七頁）で女性のマゾヒズムの概念を紹介している。この女性的マゾヒズムは、のちにもう一度取り上げられて、詳しく説明されている。そこでは、フロイトが「暗黒大陸」と呼ぶ女性に対する不安と蔑視について多くの頁数が費やされている。女性のマゾヒズムは、女性において観察できるマゾヒスト的倒錯を指すものではない。欠点があるとすれば、この用語の付け方であろう。なぜならば、この表現は、マゾヒズムが女性の主要な特性であることを意味するものではなく、男性においても、多かれ少なかれ観察される受け身的で苦痛を好むような態度を意味するものだからである。

マゾヒスト的倒錯は、女性と男性のどちらにおいても見られ、文学作品にも多く取り上げられている。同様に、歴史上有名な女性のサディストもいる。

4 刑罰

一見したところ、マゾヒストの行為は、自由な同意のうえで行なわれ、私生活に限られているために、法律が介入することはない。ところが、行き過ぎた行為や人間の尊厳に反する行為に及んだ場合には、法律が介入することがある。ミュリエル・ファブル＝マグナンは「各人へのマゾ行為を通して、マゾヒストが侵害するのは個々の被害者ではなく、人類の人間性そのものである」と述べている（【22】、二八九頁）。マゾヒストは、あくなき性的な自由を求めてはいない。なぜならば、マゾヒストの契約は、その性的な自由を管理するために正確に作られているからである。しかし、その契約が、普遍的な権利に反しているかどうかを判断して、過度の行為を罰するのは法律である。たとえば、宗教上の理由から正当化されていた陰核切除などは、法律によって禁じられなければならないだろう。

第四章　フェティシズムと服装倒錯、同性愛の問題

この章では、フェティシズムと服装倒錯を検討することにより、まったく異なる倒錯表現の領域へと足を踏み入れることとしよう。フェティシズムと服装倒錯は、隠れた欲動の循環が、ある対象に、正確に言うと、その対象内に完全に固着している倒錯である。これらの倒錯者は、対象の存在を通して性的快楽に到達することができる。フェティシズムは部分対象を、服装倒錯は完全になれる対象を用いることが特徴である。

しかし、フェティシズムと服装倒錯以外の倒錯に、こうした対象への固着という特性が認められないわけではない。マゾヒズムでは、鞭、靴、衣服がフェティッシュの価値を備えている場合が多いし、サド的、露出症的な儀式の対象的要素も同様である。両者の違いは、フェティシズムと服装倒錯では、対象への固着という要素が倒錯構造の中心に位置している点である。欲動的意味において、まさしく対象

倒錯である。

フェティシズムと服装倒錯は、呪物崇拝に始まり、護符や宝石、あるいは流行のもの身に付けるに至るまでのきわめて豊かで複雑な集合体に帰することができるのだろうか？（ポール＝ロラン・アスン『フェティシズム』）。

I　フェティシスト的倒錯

フェティシズムが、はじめてセクシュアリティの問題と結びつけられたのは、シャルコーとマニャンの一八八二年の論文（【14】）においてである。しかし、このセクシュアリティという特性を、太古の宗教的振る舞いであるフェティシズムという用語を用いて表現したのは、ビネの働き（一八八七年）によるものである。モールとクラフト＝エビングは、数多くのフェティシズムの症例を呈示して、性的倒錯現象を理解するためにフェティシズムを理解するのが最良の道筋であることを、すでに当然のこととみなしていた。また、この考え方は、ハヴロック・エリスによって引き継がれ、『性愛の象徴化』では、フェティシストは最も典型的な倒錯の例であるとみなされている。

フロイトは、一九〇五年『性欲論三編』(【26】、八七頁)で次のように述べている。「多様な形態の性欲動の病理学的な事例のなかでも、このフェティシズムの現象ほど興味を引くものは珍しい。」そして、一九二七年の『フェティシズム』と一九三八年の『精神分析概説』で、フロイトは二度にわたりフェティシズムを取り上げている。フロイトにとって、「フェティッシュとは、女性(母親)のペニスの代理である。子供は母親がペニスをもっていると信じ、これを諦めようとはしないのである」(【30】、一三四頁)。しかし、母のペニスという概念は、きわめて応用範囲が広い概念であり、フェティシズムに限定されるものではないことは充分意識されなければならない。さもないと、フェティッシュそのものと同じく、真の問題から目をそらさせられてしまうだろう。

厳密に定義しようとすれば、ある対象に神秘的な力が与えられていて、その存在なくして性的な喜びを得られないような症例がフェティシズム的倒錯と定義される。クラフト＝エビングは、なぜフェティッシュが必要とされるのかに焦点を当てて読み解こうとしているが、ハヴロック・エリスは、性への象徴関係を重視している。どちらがと言うことではなく、これらの特性はともに重要である。一般的に、性的関係が他の問題を引き起こすことはないため、当事者が臨床医に相談することは、別の理由で症状が重くなった場合を除いて稀である。

1 症状

(A) 対象――フェティシズムの症状は、きわめて多様な形態を取りうる現実のなかに対象化され、圧縮される。

・身体の一部分――毛髪、足、口ひげ、付けひげ
・好きな人が身に付けているもの――衣服、下着、ネックレス、写真
・特殊な特性――障害、色、特殊な外形

ここで取り上げられた対象は、どれも母のペニスの隠喩、または換喩であるか、あるいは母のペニスと他の対象とが圧縮されたものである(ロゾラート【52】)。この対象は無意識の次元において、興奮の対象であると同時に、欲望の対象、部分欲動の対象であり、さらにはあらゆるセクシュアリティを一挙に満たすことのできる理想的な対象としての役割を果たしている(ボネ【8】)。

(B) 性的快楽を得るために必要なもの――フェティッシュ対象の機能は、使用者がフェティッシュによって性的な喜びを得られること、それがすべてである。マゾヒストが、作家であり、演出家であり、

主役を演じる役者であるのと同様に、フェティシストは、フェティッシュの創作者であり、唯一の使用者である。相手が女性であろうと男性であろうと、あるいはひとりきりであろうと、この対象なくしては喜びを得ることができない。

フェティッシュな対象は必要条件のひとつではあるが、それがあればつねに充分であるとは言えない。それは、一過性のフェティシストや、断続的にフェティシストになるような人の症例において観察される。彼らはみずからの行為が奇妙なのではないかと自問することがある。

フェティッシュは、ほとんど封印されていると言ってよい。フェティッシュが表に現われるのは、非常に重篤な症例に、たまたま細心の注意を払われるという好条件がそろったときである。私は重大な問題を抱えた何人かのフェティシストを観察する機会をもったが、自分のフェティッシュに関する秘密が暴露されたとの思い込みから、被害妄想に近い症状であった。

2 起源

フロイトは、すべての倒錯と同様に、フェティッシュにも二重の起源があると考えていた。「ビネが最初に指摘しているように、何がフェティシズムの対象として選ばれるかは、子供の頃の性的な印象が影響を及ぼしていると考えられる。」「その他の場合では、本人にはほとんど意識されない象徴的な思考の結合様式が存在していて、これがフェティシズムの対象を選択させる場合もある。」(【26】)

フロイトは、フェティッシュが幼児期の経験の残滓であることを『性欲論三編』の一九一五年の追記分と『精神分析概説』で繰り返し主張している(【33】)。フロイトの説は以下のとおりである。第一過程では、子供は女性が男性と同様の性器を持っていると信じている。その信念は、孤立して抑圧された形で保持されるが、第二段階で、みずからの信仰が正しくないという事実に屈しなければならなくなる。子供は、女性にペニスがないことを認めようとはせず、その事実をなかなか内在化しようとはしない。事実を拒み、ある対象に注意を向けて夢想を維持しようとする。そうすることで、ふたつの相対する動きの妥協に到達する。ラプランシュとポンタリスは、これを現実の否認の結果であると主張しているが、この否認自体も、抑圧され、置き換えられることになる(ラプランシュとポンタリス【45】)。そして、一見したところ任意に選ばれたフェティッシュ対象へと補給されるのである。しかし、フロイトは『性欲論三編』の一九二〇年版で、ビネの見解との相違点を追補している。フェティッシュは、確かに幼児の頃の経験に基づいて、見たい知りたいという欲動が抑圧された結果である。しかし、この幼児の経験は、記憶の映像のように「事後性[1]」のなかにある。そのことを理解するためには、われわれはフェティッュを通して「残滓」や「沈殿物」を所有することしかできないのだという「象徴界の連合構造という性質」をよく理解しておかなければならない。

（1）事後性とは、ある外傷的体験があとになって新たな意味を付与され、その心的効果を発揮しはじめること。フロイトの用語〔訳注〕。

この連合構造は、個人の経験や環境に応じて変化するので、フェティッシュに、ある種の典型があることを強調する人も無くはないが、それでも無数の形態が存在するのである。

フロイトは、一九二七年の論文で、「鼻のつや」がフェティッシュの対象となっている患者の例を取り上げている。この患者では、ドイツ語で「鼻のつや」を意味するGlanz auf der Naseという言葉自体が重要な意味を持っていた。というのは、患者がもうすっかり忘れていた母国語の英語では、「鼻のつや」はglance at the nose（鼻への一瞥）という意味を持つからである。このように、フェティシストは自分には意味があるが、他人にはその意味がわからないようなものを無意識的に結び付ける言葉遊びのようなこととして、フェティッシュを選択することがある。言葉を最終的にある対象に置き換えることで、決定的に足跡をくらましてしまうのである。ロゾラートは、この症例を次のように表現している。「フェティッシュな対象はたったひとつであり、そこにはあらゆる性的可能性が凝縮されているのだが、これは、言葉が対象の位置を占めてしまった症例である。言語がフェティッシュによってモノを死滅させると、言語秩序は逆転し、対象が固定され、その対象へ至る一連のシニフィアンが押しのけられてしまうのである。」

さらに、フェティシズムの研究は二つの方向で進められた。

ひとつは、のちに何がフェティッシュとして選択されるのかを調べようという考えである。グリーンナックルは、フェティシストの子供時代に、彼らの母親が接触を病的に嫌うことを観察して、そのことが子供の視覚を過大評価させる原因になっていると主張している。

もうひとつは、ギイ・ロゾラートのように、フェティッシュが想像的系譜においてどのように練り上げられ、伝達されるのかを、理想化された原父[(1)]の役割から解き明かそうという考え方である（【52】）。

（1）全能であり、去勢されていないとされる想像上の父のこと。全能の存在がかつては存在したというファンタズムが、われわれ神経症者が社会という不自由に隷属するための装置として機能している〔訳注〕。

3　フェティシズムの無意識的な意味

フロイトがフェティシズムに興味を持ったのは、あらゆる性生活にフェティシズムが関与していると考えたからである。フロイトは、「正常な愛にも、ある程度はこうしたフェティシズム的要素が存在する。とくに相手に惚れ込んだ段階で、正常の性目標を達成することができないか、それが放棄されているようにみえる状態では、こうしたフェティシズム的な要素が現われる」と述べている（【26】、八七頁）。

(A) 恋愛におけるフェティシズム

過大評価――主体が他者とのかかわりのなかで、不特定の対象である他者との関係を作り上げみずからのリビドーを動かすことができなければ性的な愛着もありえない、とフロイトは述べている。つまり、この性的愛着は一種の過大評価である。ラカンは『セミネール』第十一巻で、この点について直接的に言及している。「君を愛している。説明できないけれども君のなかの何かを愛している。その何かとは対象aである。」（【41】、二三七頁）。この対象が、他者とのかかわりのなかでセクシュアリティ全体を構成することについては、すでに述べた（【8】、一八五頁）。対象は、現実にはきわめて地味な形態を取る。一般的には、チャーム、シルエット、名づけなどが挙げられるが、特定の香りや髪型、顔立ちといった特殊なものまである。しかし、そのどれもが、愛情を定着させるために必ず必要なもののように思われる。

求愛段階では、対象はとくに必要不可欠となる。この段階では、主体は異性への接触をひどく恐れるので、リビドーが対象へと一層補給されることになる。そうすることで、フェティシズムは第二段階に移行するのである。

物質化――フェティッシュには、無意識において求められた要素を現実において物質化し、それを固定するという利点がある。しかし、フェティッシュの元となるシニフィアンの要素を抑圧し、ある種の盲目をもたらすという不都合がある。恋愛が可能となるのと同時に、ある種の隠蔽が生じるのである。

(B) 無意識の力動

神聖化――フロイトは、この対象を未開人が神体化したフェティッシュと比較している（【26】、八七頁）。ラカンは、彼の概念の中心的位置を占める、現実界・想像界・象徴界の三つ組について初めて述べたとき、フェティッシュを取り上げている。ギイ・ロゾラートにとっては、フェティッシュは理想化された父に与えられた権力を象徴するものであり、創造と破壊、去勢と修復の両方の意味を持っている。オルガスムに達することとは、フェティッシュの力でこの全能性を獲得することである。つまり、オルガスムそのものは、理想化された父の死と同じ意味を持っている。しかし、理想化された父は、オルガスムが過ぎた瞬間に、想像上で蘇生する。フェティシストが罪悪感をまったく抱かないのは、そのためである（【52】）。

(C) グノーシス的二元論

フェティッシュが行き過ぎると、特殊な思考システムに陥ってしまうことがある。そうなると、主体は、互いに妥協を許さず、両極を媒介することが不可能な概念、たとえば、善と悪、強さと弱さ、光と闇、卑しさと恍惚など、相反する運命に支配され、その結果、融通の利かない状態へと陥ってしまう。

フェティシズムのシステムは、グノーシス[1]、あるいは、もっと直接的に宗教的セクトのイデオロギーと比較されてきた（ロゾラート）。宗教的セクトのイデオロギーは、ある秘密、または「知識」が、限られた人にのみ授けられているという仮説に基づいている。その結果、こうしたイニシエーションを受けた人と一般の人とのあいだに、克服できない分裂を招いている。まるで、一個人の神なるフェティッシュに信者を服従させるようなものであり、信者はフェティッシュに奉仕して、価値のあるものにするという使命を無意識に帯びていると言える。

（1）元来ギリシア語で「知識」あるいは「認識」の意。ただし宗教学、宗教史の用語としては、グノーシスによって救済を得る宗教思想（グノーシス主義）をさす。善と悪との二元論により構成され、現世は悪の世界であり、どこかにある善の世界に救済を求める態度を取る〔訳注〕。

4 女性とフェティシズム

女性のフェティシズムを扱った文献は稀である（クラフト＝エビング、ボン・ハグ・ヘルムース、ダッドリー、クレランボー、ザビトチアノス、ボネの報告が見られる程度である）。しかし、フェティシストの行為を多少なりとも連想させる女性が描かれることは、珍しくない。女性の場合、快感を得るために、必ずある臭いが必要であったり、決まったキリスト教のメダルをかけていなければならなかったり、明るすぎたり暗すぎたりしてはいけない、パートナーが毛深くなくてはいけないなどということが求められることもある。しかし、その多くは、ひそやかなもので、明確に表現されることはほとんどないため、女性のフェティシズムについて何か言うことは、難しくはないが、根拠に欠けるというのが実情である。それでも女性のフェティシズムが、フェティシストを理解するうえで、非常に重要な鍵を提供し、何か大きな意味を持つのではないかという印象を与えるのも事実である（ボネ【5】、八七頁）。

男性のフェティシズムと女性のフェティシズムを比較すると、両者に構造的な差異は存在しない。どちらも他者との性関係における魔法のもの、それも理想化された父に依拠した対象を持っている。この対象は、女性の性生活においてのほうが馴染みやすく、また気づかれずにすむようである。

II　服装倒錯

服装倒錯者は、世間でもよく知られていて、演劇でも街中でも好んで冗談の種にされている。この種の冗談が多いのは、服装倒錯者が何らかの差異を否認するために始めた遊びに、一般の人が多少なりとも意識的に付き合っていることを意味するだろう。そのためか、服装倒錯はさまざまなかたちをとるものの単一の概念にまとめられることが多い。

古典的な概念においては、異性の服装を着ることでしか性的な快感を得られない服装倒錯を性倒錯と呼ぶ。こっそりと着用する場合も、はっきりと人目につくように着用する場合もある。厳格には、服装倒錯は同種の多くの表現と隣接しているので、それらとの区別を付ける必要があるだろう。

1　服装倒錯の諸形態

ストーラーは、服装倒錯を次のように区別している。

・異性装――単に異性の衣服を身に付けること。自分の生物学的性と心理的性が異なる場合。
・服装倒錯――性行為のときにだけ異性装を行なう者。倒錯に属する。
ロゾラートは、服装倒錯を三つの形態に分類している。
・異性愛的服装倒錯――フェティシズムに類似する。断続的、熱狂的で、性行為時に限定される場合が多い。
・露出症的服装倒錯――華やかさが重要視され、目撃者が必要とされる。ファリックな母親にみずからを同一化している。
・ホモセクシャルな服装倒錯――男性娼婦の場合が多く、誘惑という意味合いが強調されている。ドラァグ・クイーン[1]は、二番目か三番目の形態に属する。
（1）ドラァグ・クイーン（drag queen）とは、女性の姿で行なうパフォーマンスの一種。ドラァグ・クイーンの起源は、男性の同性愛者が性的指向の違いを超えるための手段として、ドレスやハイヒールなどの派手な衣裳を身にまとい、厚化粧に大仰な態度をすることで、男性が理想像として求める「女性の性」を過剰に演出したことにあるといわれる〔訳注〕。
ストーラーもロゾラートも、さまざまな形をとる服装倒錯を性別倒錯[1]と区別しなければならないと強調している。服装倒錯は「身体の狂気」として精神病に位置づけられる場合もある（M・サファン）が、服装倒錯と性別倒錯は両極を成していて、そのあいだに中間状態があるとみなす学者もいる（プリンス

&ベントラー、メイヤー）。

（1）性別倒錯とは、男性でありながら女性のように、あるいは女性なのに男性のように行動するなどの性欲異常、また、同性愛のような性対象異常をいう〔訳注〕。

どの学者も、服装倒錯を同性愛や、あとで述べる排他的同性愛とも区別するべきであるとする点では、意見が一致している（ボネ【8】、二八六頁）。M・ヒルシュフェルド（一九一〇年）は、服装倒錯者の三五パーセントが自分をホモセクシャルであると見なしていると報告しているのに対して、プリンスとベントラー（一九七二年）は、わずか一パーセントであるとしている。ホモセクシャルな行為のひとつとして、女装があると広く考えられているが、実際には稀である（ストーラー）。

2 服装倒錯の意味作用

服装倒錯にも、他の倒錯に見られる特徴の多くを見出すことができる。

- サディスティックな行為との類似は、服装倒錯者が犠牲者の衣類を振りかざすことである。犠牲者の衣類は、戦利品の効力を持つ。
- マゾヒストのシナリオと似ている点は、服装倒錯者が犠牲者の役割を演ずるために犠牲者と同じ衣服を用いてその屈辱を利用することである。

・フェティシズムとは、服装倒錯者がみずからの欲望を呼び覚まし、隙間のない快感を確かなものとするものを身に付ける点で類似している。そうすることで、あらゆる能力を持つ理想化された父親と自分を同一視している。

意味作用は、すべて無意識のシニフィアンの代理である衣服に凝縮されており、その痕跡をシナリオやファンタズムに見出すことができる。

服装倒錯は、現実には以下の二段階のあいだを揺れ動いている。

・一次同一化——倒錯者が男性と女性のどちらでもありたいとする段階である。想像的に、あらゆる特権と能力を持ち合わせていて、衣服が自分に不足しているものをもたらすとみなされる。

・二次同一化——男性か女性かという選択を命じられる段階である。万能でありたいという欲望から、解剖学上の男女を入れ換えようとする。衣服はその逆転を可能にするものとみなされる。

このように衣服には、欠けているものを補う、男女の役割を自発的に逆転させるという二重の意味がある。服装倒錯は、先に分析したその他の倒錯行為と同様に、ファッション、カーニバルや通過儀礼的な仮装といった、人類学的な行動の謎を解き明かすことに役立っている（ロラン・バルト）。

3　女性の服装倒錯

女性の服装倒錯とは、男性の衣服を着用することである。女性の服装倒錯者は、いわば必要性に駆られて男性の衣服を身に付けており、そうすることである種の力が得られると夢想している。それは、男性が女性の衣服を着用する場合も同じである。男性の服装倒錯と異なり、女性の服装倒錯が、性的領域にとどまることは稀である。ロゾラートが指摘しているように、女性の服装倒錯は「露出症的」である。ロゾラートは、ジョルジュ・サンドを例に取り、女性の服装倒錯が同性愛とはっきりと異なることも強調している。

(A)　古代キリスト教の伝統における女性の服装倒錯

服装倒錯の意味を深く理解しようとするならば、三世紀から中世の末期にかけて西欧社会にしばしば見られた、女性の男装について言及しておく必要があるだろう。当初、女性が男性の衣類を着用する行為は隠れて行なわれていたが、やがて公然のものとなっていった（【48】と【5】、三二〇頁）。

隠れた行為の例としては、聖人や巡礼に関する記録、殉教録などの中世の伝説集の登場人物が挙げられる。アンティオキアのペラジー、ビテュニアのマリナ、アレクサンドリアのウジェニー、コンスタンチノープルのアナスタジー、トゥールのパピュラなどが、代表的な例である。

文献を念入りに調べてみても、彼女らが男性の格好をした動機は、男性に限り許されていた修道生活に入るためにほかに方法がなかったためとされるのが一般的である。しかし、むしろ、グノーシスの影響を受けて、理想的な修道生活を送るために社会の典型と断絶したいという欲望の表われであったというほうが適当であろう。つまり、旧約聖書の創世記で描かれている、神が人類の男と女を創造した楽園の最初の状態に戻りたいという願望が表現されていたと考えられる。先述の倒錯と同様に、女性の服装倒錯は、キリスト教が多少なりとも抑圧してきたキリスト教以前の神話を無意識に行為化している。抑圧されていた神話が、驚くべき形で逆転として突然よみがえったものである（【18】）。

女性の服装倒錯は、公然の行為であることが多い。たしかに、中世の末期頃までは隠蔽され、死の際にしか明かされなかったが、故意に見せられるものに変わってきた。アントワネット・ブリニョン（【18】）やジャンヌ・ダルクがその例である。彼女らの場合、異性の衣服は、戦いや既成のシステムに対する抗議のための道具であり、われを忘れて闘争へとのめりこむための手段でもあった。ジャンヌにとっての真の戦いは、裁判官とのものであった。火刑に処されたが、死後何年も経て、ジャンヌは復権しその戦いに勝利したのである。

(B) 現代女性の服装倒錯

現代の女性の服装倒錯は、ドラァグ・キングと呼ばれるきわめて目立つ形で認められる。ドラァグ・キングとは、典型的な男性の服装を着用し、自分が非常に男性的であることを示すことで喜びを見出す女性のことである。現代社会において、人目を引く女性の倒錯のひとつの形態である。欲動という観点から分類すると、性対象の倒錯に含まれる。

Ⅲ 同性愛と倒錯

十九世紀の学者は（フロイトの初期も含めて）、性器的な性関係のパートナーを同性に代理させることであるとして、同性愛を対象の倒錯であると見なしていた。このような考え方は、先に説明した倒錯と同性愛とを同列に置くことになった。

そこで、まず行なわなければならないのは、臨床的分類に基づいて同性愛と倒錯の差異を明確にすることである。大人同士の同意で成り立っている同性愛が倒錯であるのは、特別な条件を満たす場合のみである。ほとんどの場合が、源泉の倒錯であり、誰かに迷惑をかけることはない。

1　現代における位置づけ

同性愛においても異性愛においても、それなりの実践を伴って初めて倒錯とみなされるというのが、現代の考え方である。マゾヒズムのように性感帯のある部分を特別に重視するような場合がそうである。性倒錯の歴史に関して述べた章で、同性愛については十九世紀初頭に、それまで受けていた厳しい非難や罪から解放される動きが起こったことについて述べた。こうした動きは歴史のなかではひとつの転機であり、西欧諸国では徐々に一般的になりつつある。同性愛者に対する差別はなくなる傾向にあり、同性愛は以前に比べて、受け入れられるようになっている。

しかし、こうした社会的な動きには両義性が伴っている。つまり、自己主張の唯一の手段として同性愛の一部を認めることが、他のかたちの差別を生む結果になるからである。同性愛を倒錯とは別のものとして分類しようとする運動には、そうした差別を嫌う倒錯者の心理が表出している。反対に、同性愛嫌悪（ホモフォビア）は時代の流れのなかでしばしば現われるが、そうした運動をする者のなかには、かなりの部分で真の倒錯者が隠れている。

このテーマについては、コレクション・クセジュのコルツェ著『同性愛』で検討されているので、ここでは概略のみにとどめることとしよう。

フロイトは、一九一五年に同性愛について以下のような見解を示している。

「精神分析は、同性愛者を特別な種類の人間として区別することにはっきりと反対する。」(【26】、五一頁)

この観点から、同性愛はそれそのものとしてひとつの臨床的分類を構成するものではない。同性愛の形態は、唯一ではなくさまざまだからである。ただし、同性愛のなかでも以下のような場合には、倒錯者とみなされうる。

(1) マゾヒズム、服装倒錯などを実践したり、シナリオ、儀式、フェティッシュなどを使用したりする場合で、なおかつ、本人に分裂や性差の否認を認める場合。そのような場合、それぞれの倒錯について述べた章を参照いただきたい。

(2) 異性に対して、嫌悪、拒絶、恐怖まで感じる場合。著者は、それを「排他的同性愛」と名づけた(【8】)。この場合、原因を無意識の領域にたどる必要がある。

すでに述べたように「倒錯」は「病気」を意味しない。また、倒錯が病気として扱われなくなったことで、性生活という枠組みのなかで、みずからの欲動を抑制した形で表現するための手段として倒錯を選択する人びとが現われたのである。

2　女性の同性愛

女性における倒錯の典型として、同性愛が挙げられることがあるが、とくに女性の場合は「排他的」な同性愛が多い。そもそも「倒錯」という用語が適切かどうかについても意見が分かれている。グラノフやペリエ（【35】）は、女性の同性愛は娘から母親へのフェティシスト的関係を示していると主張している。娘は母親に不足しているものを補うために必要であるとみなされている。

マックドゥガールは、むしろ女性の同性愛は原初的な性交を表現しており、母親のために性差を否認しているのだと説明している。したがって、ふたりの女性が登場する原光景のファンタズムと照らし合わせたうえで、このようなセクシュアリティの形態を理解し、分析しなければならないであろう。

3　起源と意味作用

男女における排他的同性愛は、何が原因であろうか。無意識の欲動的圧力が、主体に大きな不安を与えることについてはすでに指摘した。異性の性器を見ることも同じくらいに不安を与える。排他的同性愛では、この両方の不安が一体化している。同性愛者は、自分のなかにある、耐えがたく、理解できないものを異性に投影している。この心理は、同性愛者ほど明確な形ではないものの、カップルでよく観察できる。私は他書で同性愛と性別倒錯について詳細に比較検討したことがある。この点については、それを参照して欲しい（【8】、二八六頁）。

こうした不安こそが、周囲の人びとを不快にさせるという危険を冒しても同性愛的行為に挑戦的、虚勢的な性格を与える原動力である。同性愛者の挑戦は画一的に固定されていないため、性関係という限られた枠のなかで異性を拒否しているだけならば、日常生活における人間関係が多様で有益になることもある。また、排他的同性愛者も、みずからの奥底にある欲望に適った性的実践を行なって、それと同時に閉鎖的でない社会生活を送っており、特別な問題を起こすことはない。しかし、彼らは自分がどうして異性に対して根深い拒絶感があるのかをつねに自問しつづけているのである。

第五章　露出症と窃視症

　露出症と窃視症は、他者の視覚を危機に曝すことで性的な快感を得ている。この見ず知らずの他者は、心ならずも倒錯者にとって最高の満足を与えるパートナーにされてしまうのである。露出症者と窃視症者にとって、見ることの欲動によってもたらされた快楽は――これをフロイトは窃視欲という言葉で表わした――他のどんなかたちの喜びにも優る快楽である。

　サディズムとマゾヒズムのように、窃視症と露出症には大きな違いがある。窃視症は欲動を起源とする倒錯であり、攻撃的な特徴を持たないので、噂の種となることは稀である。それに対して、露出症は恥じらいという観念への挑戦であり、明らかに問題を引き起こしている。また、窃視症は露出症には興味が無く、露出症も窃視症を相手にすることはない。

I　露出症

みずからの性器や性に関する身体部位を、多かれ少なかれ意識的に自分で決めた不適切な場面で曝すことによって満足を得ることができる人のことを、露出症とよぶ。他のほとんどの倒錯と同じように、露出症には同類の行為に対して、排他的で孤立した関係が存在する。露出症は、ヌーディズムや挑発的な見せ物をこれといって歓迎することはない。

また、同じ露出症であっても、倒錯的な露出症と、精神薄弱者や精神病者、せん妄患者などをしっかり区別しなければならない。倒錯者はそれなりに適応しているが、後者の場合は、一般的により明らかな露出以外の問題を呈している。公然わいせつで逮捕されたうちの三分の一の人びとが、後者に当てはまる。

1　歴史

　露出症が犯罪であると考えられるようになったのは、かなり以前からである。すでに中世の頃には、矯正のための厳しい法体系が存在していた（ハンス・ペーター・デュル）。しかし、精神医学界では、ラセーグが一八七七年の症例報告と、一八八四年に発行した『医学研究』のなかで露出症を取り上げるまであまり認知されていたとは言いがたい。ラセーグは、露出症の衝動的、断続的な特徴を強調し、こうした行為によって満足が得られていないことが重要な点であると指摘している。また、犯罪と区別するための診断基準の作成に努力した。露出症は犯罪かという問題は、その後も主要な研究テーマであり続けたが、露出症という現象そのものに関する研究はあまり多くは行なわれなかった。

　マニャンは、一八九〇年にラセーグが露出症の衝動の執拗さについて強調していないことは残念であると述べている。興味深いことに、露出症の衝動が命名強迫（ある言葉や名前、数字などが強迫的に脳裏に浮かぶ症状）やある種の過食症に似ていることも指摘されている。マニャンは、こうした症状は変質説[1]によって説明される現象であるとみなし、これは露出症になった責任を患者に求めることができないという考え方のもととなった。

（1）　精神病は遺伝的素質的欠陥から生じるという理論〔訳注〕。

一九〇〇年、ガルニエは露出症について比較的限定的だが、精密な定義を行なっている。「露出症とは、執拗で衝動的な性倒錯であり、時間と場所をある程度決めたうえで、公衆の面前で弛緩状態にある性器を卑猥で挑発的なやり方をとらずに見せびらかしたいという欲求を特徴とする。この行動のなかには、露出症患者のあらゆる性的食指が凝縮されているのであるが、行動に移すことによって、頭から離れることのなかった執拗な戦いに終わりを告げ、やがて幕が閉じられることとなる。露出症者は、自分の性器を見せびらかすことによって得られた心的反応によってしか快楽を得ることができない。」

ドイツ語辞典では、露出症はあまり言及されておらず、厳密に定義されているとは言えない。クラフト＝エビングでさえ『性的精神病質』で「法律からみた性生活」という表題の最終章で、わずか数頁を割いているにすぎない。ハヴロック・エリスは、「ペニスのフェティシズム」のひとつの形であると考えていた。

フロイトは、この倒錯を窃視症と比較しながら検討した最初の研究者で、露出症も窃視症も心的現象を構成する欲動的な対立のひとつが表面に現われたものであるとみなしている（【26】、【28】）。

こうした考え方を採用すると、露出症を検討するのに、互いに通じ合うところはあるが、異なる二つの観点が併存することがわかる。

・精神医学的観点。過去の偉大な臨床医たちの考え方を受けて、露出症の外的な側面を強調する。フロイトは、倒錯的露出症と神経症的（欲動的）露出症を分け、さらに卑猥な行為（マスターベーションや射精）を伴う露出症と、単純な露出症も区別している。

・精神分析的観点。露出症に固有な内在的な力動を重視する。露出症者は自分を見せることで、リビドーの衝迫に対応し、みずからのさまざまな性行動を実現しているとする考え方である（【8】）。

露出症の問題について、多くの研究がなされてきたが、私はこれらを完全に対立させるのではなく、以下のように区別することを提案したい（一八九一、二〇〇五年【5】）。

・刑罰を求める露出症。捕まることを願い、自分が被った失望のなかに代えがたい快楽を見いだす場合。

・匿名の露出症。抜きん出て多い（女性の九〇パーセントが経験ありと証言している）。噂でしか知ることができないが、それが、露出症者の存在理由であり、男性に強く根づいた欲望を満足させるものとなっている。

現在では、露出症は新しいコミュニケーション手段の発達によって、さまざまなかたちをとり、容易になってきている（エイガー【21】）。

・非直接的な露出――手紙や広告、メールなどでみだらな写真を送付する方法。

・何かを仲介させる露出――自分やパートナーの私的な写真を作成し、インターネットやビデオなどで広める方法。
・愛の営みの露出――車の中や、公園、海岸などで営みを見せる方法。
・自分の子供への露出――リベラリズムの名のもとで見せる方法。
しばしば、集団の露出、ストリーキングが行なわれることがある。これは、ある程度の数の人びとが、品性に対する挑発と挑戦を目的として、素っ裸で注目を集めることである。ある種の広告や、テレビ番組もこのカテゴリーに入る。なるべく多くの人に長時間見てもらえるように最大限効率的に行なわれる。最後に社会的露出について述べておかなければならない。社会的露出では、人生において成功するために、何としても人から注目されることが必要となる。こうした露出は、深層に性的な露出欲を同じ程度に持ち合わせており、ポルノ制作を助長するものである(ボネ【10】)。

2　病的症状

倒錯としての露出症には以下のような特徴がある。
(A)　仕草――行為であるサディズムや、実践であるマゾヒズムと異なり、まさに人類学の範疇に分類される。つまり、仕草の問題である。わいせつな仕草、侮辱的な仕草、破廉恥な仕草などである（ラセーグ）。これは司法でいわれるような、行為化とは異なる問題である。というのは、露出症者は、他人が拒絶したり、逃げたり、完全に無視する可能性を残しているからである。

この場合の仕草とは、基本的にみずからの性器を見せつけることとである。その方法はさまざまで、ガルニエが報告したように勃起を伴わないものから、マスターベーションを伴うもの、射精にまで至るものもある。しかし、この違いは二次的なものである。

(B) 他人の視線を集めること——露出症者は、現実の暴力を目的とはしない。彼らの目的は、現実性と想像的なものの境界に位置している。他人の眼差しを引きつけることが重要であり、この眼差しこそが、彼らの問題系の中心にあることを多くの論者が指摘している。M・ボスはそれを眼差しのコミュニケーションと呼び、ラカンはそこに主体が自分のものにしようとしている現実的対象を見いだしている。この対象は、フェティッシュを具体化したものに相当する。

露出症者は、見られれば見られるほど、また、それがどんなやり方であったとしても、自分の術作に興味を持ってもらえればもらえるほど、行為を大げさにする傾向がある。無関心な反応は、彼らを不安で無防備な状態にさせるばかりか、しばしば抑鬱状態に陥らせることもある。以上のことから、彼らがしばしばまったく無意識のうちに前もって入念に準備していること、自分のやり方にこだわりがあることを理解できるであろう。ことを大げさにせず、正確な情報を摑むことが問題の解決に最も役に立つと思われるのは、そのためである。その証拠に、露出行為を目撃しても驚かないようにと事前に説明しておいた子供たちの反応に落胆した露出症者が、地域の無料診療所を訪れ、精神療法を求めたという例がある。

(C) あらかじめ細部にわたり明確にされた環境のもとで――先に述べたほとんどの倒錯行為のように、露出症者は細く状況設定をしたシナリオを用意している。辛抱強く精神分析すると、彼らの仕草から無意識の構成物を見つけることができる。

場所――ラセーグは、最初の露出症の症例として、サン・ロック教会を好んで露出の場所としていた男について報告している。このように、露出の舞台に教会が選ばれることは、決して珍しいことではない。他の公共の場所としては、地下鉄、映画館、広場などが選ばれる。反対に、トイレや灌漑路などのまったく人気のない場所が選ばれることもある。自分の車のなかで露出する者もいる。

時間――早朝から行なう者、日が落ちてから行なう者、あるいは「深夜」に行なう者がいる。時間の選択にはもちろん何らかの意味がある。

道具——露出症者は、しばしば新聞や、タオル、スイング式の戸などの道具を用いたり、マント、レインコート、帽子など洋服を利用することがある。このようなものを使うことで、驚きの効果を演出したり、隠したり見せたりというゲームの支配者になることができる。

対象者——女性の場合が多い（四人に三人は女性である）。子供や男性が対象とされることもある。一人でいるところを狙われることもあれば、少人数の集団が狙われることもある。露出症者には何らかの無意識的な基準があり、彼らの感受性によって選ばれている。

目撃者——露出症者の物語のなかでは、決して直接現われることはないが、きわめて重要な役割を果たしている人物がいる。この人物とは、権力を象徴する目撃者である。目撃者は、刑罰を求める露出症には、決定的な役割が与えられている。露出症者が、第三者を介して、訴えかけているのはこの目撃者に対してである。露出症者は、目撃者に挑戦し、その人物を窮地に陥れたり、場合によっては窮地から逃れさせようとしたりすることを目的としている。そういう意味でも、露出症は典型的な目標倒錯である。

精神分析では、これらの要素はすべて取り上げられ考察される。とくに、初回の露出には特別な注意が向けられる。というのは、初回の露出はしばしば最も重要な意味を持っているからである。それ以外にも、本人の供述をもとに何が彼らを露出に駆り立てたのかについてもとくに検討される。

3　無意識の意味作用

フロイトはこの点について、以下の三つの点を指摘している。

・『性欲論三編』（一九〇五年【26】）では、「露出症者は他人の性器を見るために、みずからの性器を露出するのである」と述べている。とくに、子供や青少年において、このような傾向は見られる。

・『メタサイコロジー』（一九一五年【28】）では、露出症は一次ナルシシズムの問題であると述べている。ファルスを所有していると確信を得るという、それだけの目的のために、眼差している主体を単純に置換しているというのである。ロゾラートは、露出症について「倒錯のなかで最もナルシスト的である」と述べている。

・『メドゥーサの頭』（一九二二年【29】）という論文では、露出は去勢不安に対するファリックな再確認であるとしている。露出の対象者は、彼らの不安の原因を具体化するために存在し、目撃者は自分の能力を証明するために使われる。

フロイトは、男性なら誰でも抱く典型的な夢のひとつである、裸になる夢を露出症と比較しながら、この行為の裏に隠された面を説明している（【27】）。露出症者は、こうした夢を見る人と同様に、みずからの無意識的欲望を、あらゆる人に受け入れられるかたちで表現できないことに苦しんでいる。しかし、夢と異なるのは、現実や他人を尊重するために必要な妥協のかたちを、露出症者が持っていないということである。露出症者が、みずからの身体を曝して、他人の視線のうちにみずからを安心させ、照らし出してくれるような反応を見つけようとするのはそのためである。

現在の研究では、露出症者は女性の性器の光景が想像的に引き起こす不安を追い払おうとしつつも、失敗、限界、欠如、不在といったものに対して間接的に反応しているのだと解釈されている。性器の露出は悪魔払い師のような役割を果たしており、太古におけるある種の通過儀礼で、ファルスのヴェールをとることと同じ意味を持っている（たとえばポンペイ遺跡のフレスコ画など）。露出の目的は、ただ安心を得るということにとどまらない。主体の性的アイデンティティが、まだ認知も統合もされていない時期に、現実において性的アイデンティティを確認させることに役立っているのである（スパーリング）。露出症者の性的アイデンティティが、認知、統合されない理由は、各人の生活歴によってそれぞれ異なるが、おおむね口唇期的なサディスティックな時期の葛藤に遡ることになるであろう。乳母からの性器への繰り返される接吻に耐えきれなかった露出症者は、その典型と言えるだろう。露出症者は、ただ人が自分を見ることだけを期待しているのではなく、みずからの欲望を具体化するために、自分が作り上げた噂話に他人が耳を傾けることを望んでいるのである。

4　犯罪性について

慣習の変化に関わらず、露出症は今なお多くの国々で「公然わいせつ罪」という性犯罪であり、起訴の対象とされている。露出症の目的に、非常に強い無意識的な暴力性が宿っているのは確かである。しかし、その暴力性はしっかり制御されており、むしろ禁圧は主体に粘り強さを与えていることが、昔から知られている。

露出症への対処法として、ふたつの態度が可能である。ひとつめは、子供や若者に、露出症者と何らかの誘惑者の違いを教え、無視することが、歯止めに最も有効であることをわからせることである。もうひとつは、ことを大げさにせず、露出症者に熟考を求め、適切な治療を提案することである。

5　女性の露出症

刑法という点では、問題となるのはほとんどが男性である。あらゆる年代にあるが、とくに二十五歳から三十五歳の年代で多く、内気で控えめな性格で（シュテーリン）、結婚していることも多く、心理学的に問題がない場合が多い。女性の露出症の症例は稀であり、文学作品に胸をあらわにしている女性が登場する程度である。古代の民間伝承では、性器を露出することは、むしろ侮辱の仕草であった。フランソワ・ラブレーは『パンタグリュエル物語・第四之書』の第四十七章で、女性が外陰部を露出することで悪魔を完全に追い払うことができたと述べている。

女性の露出症が、論者の注意をあまり惹かなかった理由は、そうした行為が恐れを喚起するというよりも、魅惑的だからである。場合に応じて、全身を露出する場合、エロチックな部分のみを露出する場合がある。人によっては、性生活においてさまざまな方法で露出を楽しむものの、性行為自体は断固として拒否するということもある。このような露出の目的は、拙著で述べているものに近い（ボネ【5】）。

公衆の場所で女性がみずからの身体を露出する機会は、広告、映画、専門雑誌、ファッション・ショー、ミス・コンテスト、写真などと、こんにちでは非常に増えてきている。メディアは、メッセージを伝えるために、既成の観念に挑戦したり、新たな欲望を掻き立てたりと無意識の原動力を巧みに操っているのである。

Ⅱ　窃視症

窃視症は典型的な倒錯のひとつであり、比較的よくみられる倒錯である。窃視症は露出症とはまったく異なっている。サディストがマゾヒストとのつきあいを避けるように、窃視症者は倒錯的なシナリオを好むものの、露出症者のやり方にはまったく関心がない。露出症者が見せる対象や、それを見る眼差しに注意を引きつけようと腐心するのに対して、窃視症者はできるだけ自分を消し去ろうとする。窃視症者にとって重要なのは目であり、そこに可能な限りのリビドーを集中している。まるで、網膜に映し出された光景にあらゆる欲動の回路が凝縮されてしまっているかのようである。

クラフト＝エビングとフロイトによれば「窃視症とは、他人の親密な日常生活、着替え、排便、排尿、陰部の手入れ、恋の戯れ、性関係などを覗き見することである」。露出症者以上に、窃視症者は自分の実践によって満足を得る。彼らが身を隠して謀略を重ねるのは、術策でも下準備でもなく、それ自体として楽しいからである。

窃視症者が用いる手段は大きくふたつにわけることができる。ひとつは、壁や床、仕切り板などの穴である。もうひとつは、双眼鏡、眼鏡、カメラなどである。前者は、自分の思うままに対象を消したり、現わしたりすることができる。後者は、あらゆる次元、角度から対象を発見することができる。雑誌、映画、インターネットなどにより、わいせつ画像は発達し、現在では窃視症はより容易になってきている。またこうした趣味を専門とするビジネスもある。

1 症状

(A) 仕草――窃視症者に遭遇した人に聞くと、窃視症者は動かず、同じ姿勢を維持して集中するという、非常に特徴的な態度を取っているため、それとわかると言う。窃視症者の仕草は、見張り番や熱心な観客などのそれと非常によく似ており、完全に没頭している。サディズムが行為の具体化に長けているとするなら、窃視症者はその逆をいっていると言えるだろう。つまり、窃視症者は何もしない。彼らは見るだけである。彼らの暴力性は、目という源泉に集中している。

(B) 見せていないものを見ようとすること――窃視症者は非常に明確な目的に従って行動している。彼らの目的は、プライベートな時間を捕まえることである。彼らは、陰部の手入れの最中、生理的な欲求の発現、性的快楽を求めているようなときなど、相手が最も秘密にしておきたい瞬間を覗き、普段隠されている身体の一部を見ようとする。快楽は、そのシーンの重要性や関心の程度によって決まるのではない。快楽の本質は「断片への偏執」である〈ヘニング〉。窃視症者は、些細なことで興奮することができる。見せていないものを嗅ぎつけ、見破り、覗いているのである。しかし、この点は強調しておかなければならない。彼らの行動は、そこまでである。窃視症者など、露出症者同様に恐れる必要はない。

(C) ますます巧妙な方法をとること──窃視症者は、覗いている対象への注意を逸らすことができない。したがって、同じような行為が繰り返されることになる。その一方で、失敗しにくい観察ポイントを探したり、望遠鏡の類を用いたりと、みずからの快楽を増大させるための技術や手段に工夫を重ねる。こうした手段は、ファンタズムにおける、能動的な視覚過程に対応しており、自分の思いどおりに、拡大したり縮小したり、出現させたり消滅させたりすることが可能であることが大きな意味を持つ。

そのように考えると、窃視症は、演出というより編集という方法に頼っていると言えるだろう。

2 無意識の意味作用

フロイトは、窃視症の意味作用について何度も説明を行なっている。このテーマについて最初に語ったのは、『性欲論三編』においてである。このテキストでは、窃視症の描写に重点が置かれている（【26】）。フロイトは、窃視症を、性器的な部位に極端に固着して嫌悪感を克服し、正常な性行為から逸脱させる行為であると定義している。

彼は窃視症について、「機知」との比較で「本来は邪魔者である第三者を、女性を恥ずかしがらすために理解者にしている」点が類似していると指摘している（『機知』より）。『メタサイコロジー』では、窃視症が自分の姿を見ることに喜びを得るという一次ナルシシズムに由来し、見る力のすべてを独占している対象である自分の性器を、他人の性器に置き換えていると述べている。

『視覚による心因性の問題』（一九一〇年）という臨床論文において、この問題はさらに掘り下げられている。フロイトによれば、窃視症は内的暴力性を含むことを運命づけられた編集作用であり、見ることそのものが、その内的暴力性を含んでいる。この論文のなかで、フロイトはゴディバ夫人と、覗き見のトムの伝説(1)を引用している。トムは裸身の夫人を覗き見したために失明してしまう。窃視症者における欲動の編集作業は、私が「視覚装置」と呼んでいるものに相当している（【6】）。

（1）重税に苦しむ領民を見かねて、領主である夫に減税を懇願したところ、「おまえが全裸で馬に乗って街を一周できたらそうしてやろう」と言われ、それを実行した。このとき市民たちは「ゴディバ夫人の裸を見ないようにしよう」と誓いを立てたが、覗いてしまったトムという男が神によって罰せられ、盲目になったという伝説〔訳注〕。

フロイト以後の研究により、フロイトの理論が徐々に深められていった。

M・フェインは、窃視症を運動神経における禁止の結果であるとみなし、サディズムと窃視症の類似について解き明かした。さらに、窃視症は危険ではないと述べている。彼はこの禁止を記憶の保持と類似のものと考え、子供がしばしば視覚の障害（斜視など）を被ったとき、抑制された暴力性が回帰することを報告している（【23】）。

ラカンは、サルトル（【41】）の暗示的な分析を受けて、窃視症にとっての目撃者、あるいは彼のやり口を看破する人は、露出症者にとっての目撃者と同じく、必要不可欠な役割を果たしているとみなしている。

実際、窃視症者は、完全な暴力である「見たい」という欲望に支えられており、見る行為によってみずからの破壊的な衝迫を抑えつけている（【6】）。周知のように、人は恥ずかしさのあまり死にそうになることも、物笑いになると立ち直れないこともある。つまり、恥をかかせることはしばしば暴力を凌ぐ力を持っている。窃視症者は、この暴力性を自分のものとしている。彼らは、不吉な呪いのような視線を投げかけることで、自分で決めたある特定の限られた場所に性的な衝迫を集中させているのである。被害者が「盗み見されていた」と知ったとき、何とも言いがたい、激しい不快感を覚えるのは、そのためである。被害者は、おそらく誰よりも、こうした行為の奥底に秘められた意味を理解している。窃視症者としても、ゲームの支配者であり続けるために、みずからの暴力性を隠して、このような込み入った方法をとるのである。

エスナールは、窃視症者の臆面のなさについて指摘している。懐疑的な態度と言ったほうがぴったりするかもしれない。窃視症者は、徹底して、絶対的で、妥協のない懐疑主義者であり、それに抗うことができないのである。

今日的な写真芸術は、そのかなりの部分がのぞき趣味である。その一方、執拗に女性を被写体にして撮っている写真家は、自分の持たない性器を変容して見せようとする露出症者と同じように、間接的に自分を露出しているようなものである(アンリ・マッケローニ『女性器写真集』、ジャック・アンリック『カトリーヌ・Mの伝説』)。

3　女性の窃視症

パートナーの私生活を覗き見したり、性器を見るだけで、充分に快感を得ることのできる女性がいる。それが相手の同意のもとであろうと、無かろうと同じことである。しかし、それ以上のことは求めない。こうした態度が、パートナーを怒らせることになるのは容易に想像できる。ところで、女性の場合、典型的な窃視症者が用いるような道具や場所を利用して覗き見を行なうことは稀である。どうやら、女性においては、覗き見という行為そのもののなかに、欲動の編集作業が簡単に統合されてしまうようである。

もうひとつ、「一過性の窃視症」というものについて触れておかなければならない（【5】、【12】）。これは、男性でも女性でも起こりうる。危機の瞬間に窃視症が出現し、重要な移行期を乗りきろうとする者のことである。多くは、子供時代や、思春期に現われるが、そのまま窃視症者になってしまうことは稀である。

こんにちでは、窃視症は集団的な次元では、もはやすっかり定着した倒錯である。窃視症者は、写真や映画、テレビなどの制作品でも、みずからの性癖を満たすことができる。また、「中毒」とも言えるほどに度を越して、ある種の映像などに熱中している者は、自分ではそうと気づいていないが窃視症である。ティスロンは、このような態度が窃視症者の暴力性を抑えることにつながると強調しているが、その指摘だけでは片手落ちである。というのは、問題の本質は、世間にあまりにも多くの暴力的な映像が溢れていることではなく、見ることは、それ自体がひとつの暴力であり、見ることにのめり込み、見ることを正当化するために恒常的に破壊を生み出してしまうことにあるからである。つまり、見るという暴力は、典型的に欲動的な次元のものであり、それ自体で性器的な快楽に勝るものである。

第六章　極端な倒錯、治療的アプローチ

性的暴力をふるう者について検討しようとすると、現代における最も重要な精神病理的な問題に直面することになる。それは、最も古くからある問題のひとつでもある。たとえば、オイディプスの父、ライオスは自分を擁護してくれている者の息子、クリシッポスを誘惑してしまう。そのため、自分の息子に殺されるであろうという呪いを受けることになる。こうした神話などで表現された問題に取り組むことは、なかなか興味深いことである。というのは、人間の精神構造の最もわかりくい部分を知る手がかりになるからである。十九世紀末の偉大な精神科医たちはフロイトの『性欲論三編』に大きな影響を与えたが、彼らはすでに性的暴力者の行動をもとに、綿密な治療を提案している。モレルはそれを「道徳的治療」と名づけている（J・ポステル）。シャルコーとマニャンは、とくに示唆的な治療報告書を残している（【14】）。本章では、極端な倒錯を取り上げて、すでに検討した倒錯とはっきりと区別すること

としよう。その後、一般的な治療と、とくに精神分析による治療について述べることとする。

I　レイプ、小児性愛、近親相姦

非常に危険な性的実践は、決してありふれているわけではなく、むしろ非常に稀である。しかし、情報をたやすく入手できる現代では、とくに注意を引く倒錯でもある。多くはサディズム的行為に分類され、パートナーを無意識に選択すること、儀礼的で、繰り返しを好むという点において古典的な特性を持っている。したがって、古典的なサディズムの概念は現在もなお有効である。しかし、こうした倒錯のなかに、独自の特性を持ち、特殊な問題を起こすものがある。そのような倒錯については、特別な考察が必要である。

1　レイプ

ストーラーに続いて、C・バリエは「衝動的に実行されるレイプ」を危険な性的行為のなかでも最重要なものとして位置づけている（【2】）。フランスの刑法（一九九四年）では、「性的攻撃は、暴力、強制、脅迫又は不意打ちをもって実行するすべての性的侵害」（第二二二－二二条）、「レイプはいかなるものであっても、性的侵害である」（第二二二－二三条）と定義されており、重罪院で扱われる犯罪である。

レイプはさまざまな形で実行され、予想外なやり方が用いられる。通りがかり的な残忍なレイプ、若者による集団レイプいわゆる輪姦、欲求不満や人間的なつながりのない者による若い女性に対するレイプ、戦争中のレイプなどがある。こうした行為は、強迫的な性格を持つことが知られている。「発作的にやってしまった」と犯人らは言う。これは、古典的な意味での性的欲求とは、まったく別のものであり、無意識的に被害者を選択しているサディスティックな行為とも関連していない。これは「所有したい」という欲望、「人間の形をした対象を所有したい」という突然の切望である（バリエ）。拷問にはレイプとみなされるものがあるが、そのためである。

結局のところ、レイプは一種の倒錯なのだろうか、それとも一部の学者が主張するように精神病質や倒錯性の問題なのだろうか。私の意見では、他者を侵害したり、秘密の部分に暴力的に割り込む行為は、基本的セクシュアリティと名づけた欲動的な衝迫に従属している。つまり、性的力動が何らかのかたちで間接的に表現されることに失敗した結果である。主体は、ある瞬間に自分の奥底に名状しがたい欲動的な衝迫を強く感じるが、この衝迫によって自我が分裂しないように他者を侵害しなければならないのである。私は、こうした行動でしか衝迫を制限することができないことが、倒錯システムの根本であると考えている。この倒錯は、衝迫による倒錯と名づけられた臨床分類に含まれる。主体は、不安から逃れるために、性的快楽を即座に得ようとする。公共交通機関や公共の場で起きたレイプで、なぜ目撃者が、即座に、効果的に介入できなかったのかと非難される。しかし、それは、こうした行為が急劇発作的であり、人類の精神現象の奥底に秘められた土台に関わることを理解していない。

被害者にとって、レイプは破壊的である。いきなり現実となったこの原初的な衝迫に被害者自身も直面させられるからである。そのため外傷性精神障害が引き起こされるのは必然である。レイプによる外傷性精神障害は、性器的なセクシュアリティそのものの闖入の結果であると考えられがちだが、そうではない。被害者もまた、言いようのないみずからの暴力性のなかにある純粋な欲動の力に圧倒されながら、その暴力性を受け入れて、自分のものにできる表象や媒介を持たないからである。したがって、可能な限り早く、良好な条件のもとで打ち明けることが重要である。

多少なりとも意識的にこの種の攻撃に身をさらしている人びとがいるというのは、強姦者が弁解としてよく用いる方便だが、それを否定することはできない。確かに自責の念にかられたがる、さまざまなタイプのトラウマ嗜癖と呼ばれる人びとは存在する。しかし、それは何の言いわけにもならない。それどころか、暴行を受けた犠牲者が色眼鏡で見られずに相談できる相手を見つけられるようにすることが重要である。

2 大人が子供に強要するセクシュアリティ——小児性愛と少年愛

〔フランス語の〕日常会話では、同性愛者を「ペデ」と呼んで小児性愛と同性愛を同じものとみなす場合が多いが、両者は根本的に異なる。同様に、ファンタズムの次元における小児性愛と、実際に行為に及ぶ小児性愛も別のものである。病的な小児性愛や少年愛とは、子供や未成年者との関係によって性的快楽を得ようとする、性倒錯である。DSM‐Ⅳの分類では、小児性愛は「少なくとも十六歳以上であり、対象児童よりも、五歳以上、年長であること」が条件である。一九九四年に発効のフランス刑法では、大人が十五歳以下の未成年と性的接触を持つことが禁じられている（第二二七‐二五条）。この法律に違反する者が、必ずしも少年性愛者であるとは言えない。精神障害や反応性の精神症状という場合もある（【7】、五七頁）。また、すべての小児性愛者が、行動に移すものでもない。しかし、とくに一九九〇年代以降においては、小児性愛は最も激しく告発され、議論を巻き起こす行為となっている（【37】）。

いわゆる違法行為は、繰り返し接触を強要する単純なものから、尻をたたく、縛る、首を絞める、殺すなどという行為を伴ってレイプに及ぶようなものまである。倒錯的小児性愛者では、他の倒錯と比較して、シナリオや契約という要素が重要視されることが多い（バリエ）。小児性愛者は、そのような要素を実現させるために、写真、ビデオ、出会いパーティなど種々の手段を利用するが、小児性愛に寛容な国に滞在することもある。セックス・ツーリズムが、地域住民の収入源になっている地方もある。

行動に移す小児性愛者は、はっきりと異なる二種類の人格に分けることができる。

・誘惑型小児性愛者——子供や未成年者につねにきわめてはっきりとした興味を持ち、子供や未成年者にアプローチがしやすい職業に就いている場合が多い。

・攻撃型小児性愛者——暴力的な態度で、容赦なく不特定の子供を攻撃する。行為の性格から前述のサディズムに含まれる。

大人から性的パートナーとして利用された子供は、たとえそれが合意による行為であったとしても、外傷性精神障害を被ることになる。子供は抵抗する術を持たず、誘惑は子供の暗黙の合意を誘うだけに、その外傷性精神障害は根深いものとなってしまう（コレット・シラン）。それこそが、倒錯的小児性愛者の心を引き付けるものであり、彼らの行為の目的は、まさに被害者の自尊心を蔑ろにすることにある。

小児性愛者のなかには、自分自身も子供の頃に直接的、間接的な性的被害にあったケースが認められる（【7】によれば三〇パーセント）。しかし、それだけで小児性愛の行為を充分に説明する理由にはならない（ボネ【11】）。

女性の倒錯的小児性愛は、珍しいことではない。女性の小児性愛は、あまり目立たない形を取るが無害なわけではない。リベラリズムや率直さと見せかけた、ときをわきまえない露出、接触、愛撫、愛撫の要求などが挙げられる。一方、直接的で極端な形として現われる場合もある。近年の裁判事例がそれを如実に証明している（【48】）。

小児性愛に関する犯罪は、特殊なケースとは言えなくなってきており、その数も増加してきている。小児性愛は、子供を消費の対象にする傾向にある現代の症状である。

3　近親相姦

誘惑型小児性愛者は、子供に近い環境に身を置いている。教師、インストラクター、聖職者などが典型である。このような職業に就いている人びとは、子供に対する愛情の薄暗い面を隠すことなく、思い通りに振舞うことができる。チボーによれば、倒錯的小児性愛の七五パーセントが身近な者によって行なわれる。このことから、小児性愛が精神分析で「典型的な倒錯」（バリエ）とされている近親相姦にいかに類似しているかがわかる。

典型的な近親相姦のほうが、被害はより甚大である。被害にあった子供は、抵抗するための目印や手段を失ってしまうからである（【33】）。近親相姦の親は、無意識を構成する最も重要な禁止を子供に定着させることを阻害してしまう。これは、典型的な対象と目標の二重の倒錯である。近親相姦者は、「象徴的な秩序を破り」（【7】、一一頁）、そこから無制限の権力を得るために法より優れていることを示そうとする。そうすることで、リビドーに打ち勝とうとするのである。その瞬間に、つかの間の安堵が得られる。近親相姦の両親は、子供に寄り添い、愛情を示す能力が早くから欠如している。まるで、絶対的で無制限の権力という形でしか親の役割が理解できないかのようである。それは、性器的な性という、差異の概念をもたらす本質をゆがめることにより、親と子のあいだの原初的な融合を取り戻す方法でもある。つまり、「融合なき融合」（バリエ）であり、それによって、精神病への移行から身を守っている人びともいる。

近親相姦の西欧諸国における報告件数は、数年前から増加している。トマス・ヴィンターベア監督の『セレブレーション』やティム・ロス監督の『素肌の涙』といった一族に起きた惨事を扱った映画も制作された。おそらく、世間の警戒が強まり、子供たちが自由に事実を語れるようになったことで、犯罪数として認知される件数が増加したのであろう。また、極端に孤立した家庭を放置しておくという伝統的なスタイルがなくなったことや共犯関係にある配偶者の告白による影響も無視できない。

被害者の外傷性精神障害は、最も基本的な人間関係に関することなのできわめて特別なものとなる。そのために特殊なケアが求められる。被害者を裁判所への提訴に踏みきらせるよう支援すべきであろうか。私は、おおむねそうしたほうが良いと考えている。責任を負うべき大人に対する判決や科された刑罰は、境界を改めて確立して、規則の決定的な役割を復活させることになるので、治療にとって不可欠なことである。しかし、裁判の手続きが、結果として関係者全員にとってまさに戦いの道のりになることは理解しておく必要がある（【7】、一一頁）。また、告発による影響はただちに現われ、つねに悲惨なものとなる。そのために、教育者、医師、判事は、子供を助け、付きそうことが重要になる。被害者の子供の近くにいる他の大人たちの役割を尊重しながら、関係者に支援を求めることが必要である。

4　動物性愛と死体愛

これは、動物や死体との性関係に特別な喜びを見出す倒錯行為である。動物性愛は、歴史上さまざまな形態を取ったが、現代ではほとんど話題にならない。動物が特権的な立場を占めている環境においては、今もなお行なわれている。公共の秩序に反しておらず、私的な範囲に限られることが多いので、言及されることは稀である。死体愛についても同様で、ストーラーは、最近驚くべき女性の例を報告している（【54】）。死体愛は、目立たないように続けられており、注意を引くことは滅多にない。

このような行為から得る教訓は、明快である。性的パートナーを動物や死体の状態に限ることや古くからある普遍的な秩序への反逆が、いかにある種の人びとにとって比類なき快楽の手段になるかを示している。

Ⅱ　治療

性犯罪の再犯への対策として、一九九八年六月十七日付フランス国内法では、性犯罪者に対して、場合によっては「治療命令」を伴う「司法監督措置制度」を制定した。治療命令は義務ではないが、従わない場合には、拘禁刑が執行される。この新しい措置でまず対象となるのが、倒錯的犯罪者である。そのため、現在では、治療と精神分析がとくに重視されるようになってきた。しかし、彼らの行為がわれわれに問い掛けているのは、この命令の是非についてではない。問題は、もっと単純に人間的なものである。倒錯をどのように検討すればいいのか、つまり、どのように相互理解の基礎を定めるのかという問題である。

1　倒錯は病気とは言えない

倒錯者は、暴露する者である。これまでの議論で、倒錯的症状が単なる一時的な付帯徴候や気まぐれ、本人の努力次第で断ち切ることができる悪習でないことが理解されたと思う。倒錯的症状は核となり、その核の周囲に人格が形成され、統合されることが多い。そもそも倒錯的行為は、性行為がすべてそうであるように主体の心的生活を無意識的に構成しているので、倒錯的症状を是が非でも消し去ろうとすると心理バランスを崩すことになる。倒錯行為に身を委ねる者が、それが自分の苦しみを癒す最良の方法であり、他人にはこの苦しみが理解できないと考えがちになってしまうのはそのためである。そこで、自分自身や他人に耐えがたいレベルにまで症状がエスカレートしないように制御することがとくに重要となる。

社会的、集団的見地においても同様である。倒錯的現象は避けがたいことであり、いつか社会から無くすことができると考えるのは現実的ではない。倒錯的現象は、さまざまなかたちで、セクシュアリティの謎めいた面を明らかにすることに役立っている。したがって、われわれが行なわなければならないのは、倒錯的現象が再燃する原因を問うことであり、反復のプロセスに陥らせないように監視することである。拒絶、批判、禁圧が優勢になると、かえって再燃の危険が高まることがわかっている。確かに、倒錯行為をスケープゴートにすることで短期間の効果が得られることはあるが、すぐにそのつけはまわってくる（R・ジラール）。われわれは倒錯者に対して規則に従って介入しているが、倒錯者も同じように被害者に対して規則に従って行動している。また、そうすることで、彼らなりのやりかたで拒絶の危険性をわれわれに知らせているのである。

治療について語る前に、もう少し相互理解が進むような話をしようと思う。芸術を媒介にすることである。フロイトが『レオナルド・ダ・ヴィンチの幼年時代のある思い出』で示しているように、芸術作品と倒錯的表現のあいだには暗黙の了解がある。たとえば、ギュスターヴ・クールベの『世界の起源』やロダンの『伝道の書』など偉大な芸術家たちが、あえて禁止に逆らい、女性の性器を大胆に表現していることなどは、もっと注目されなければならない。こうした露出症的な芸術家は自分のことを多く語るので、ラセーグやその後継者たちの研究に非常に貢献している。芸術家は自身が倒錯者ではなくとも、彼らの作品には、その時代を最も象徴する倒錯的実践が表現されていたのである。彼らの作品から、倒錯行為をどう位置づけ、倒錯がなぜ存在するのかが理解できるだろう。

その時代の芸術作品に向かい合うことで、倒錯との交流が可能となる。おそらく、それこそが芸術のひとつの機能であろう。芸術作品は、倒錯者という主体から離れ、場所や時代、問題系を越えて、倒錯の理解を助けてくれる。古代の悲劇や神話も同じ役割を担っている。最も容認しがたい性的欲望を、形を変え演劇にしているのである。同じく造形芸術も、何千年もそのような役割を担いつづけている。

そのような意味で、最もはっきりとした表現を見出すことができるのは、とくに十八世紀以降の文学においてである。サドとザッハー＝マゾッホの著作なくして、サディズムやマゾヒズムを知りえたであろうか。また、彼らの著作をいつでも読めるようになっていなければ、サディズムやマゾヒズムの特性を深く認識して日常会話で用いられるレベルにまでなりえたであろうか。多くの作家たちが、同様のテーマに取り組んでいる。エドガー・アラン・ポー、ジュール・バルベー・ドールヴィイ、アンドレ・ジッド、ジョルジュ・バタイユ、ジャン・ジュネ、ピエール・クロソウスキーなどは、ほんの一例である。彼らは、きわめて多彩な様式で、多様な倒錯的現実の特徴を理解しやすくしてくれている。

倒錯が理解され、倒錯に対するものの見方に変化をもたらしたという意味では、小説は医者や専門家よりもはるかに貢献したと言ってもいいだろう。映画、ビデオ、演劇、ダンスなど、現代のあらゆる芸術の表現形式は、さまざまなセクシュアリティの交流を盛んにしている。こうした芸術作品から、倒錯の実践を知るだけではなく、その奥底のメッセージを読み取ることができれば、これらの作品は、あらゆる人を精神的に豊かにするのに役立つだろう。

2　症状が病的になるとき——懲罰的措置を講じる必要性

倒錯的症状が、現実において世の中で当たり前とされていることを直接的に攻撃して、公共の秩序を乱し、弱者に深刻な損害を与える場合に、社会は行為の程度に応じた対策を講じなければならない。十九世紀の精神科医が考えたように、精神の不安定に苦しんでいることを理由に、危険な倒錯者を裁判や拘置から守ることは、倒錯者をかえって閉じ込めてしまうことになる。倒錯者は、無意識に法に挑戦しているので、法と争うことが必要である。倒錯者が自制能力をなくしている場合は、躊躇せずに彼らにとって不利益になる行為を止めなければならない。

しかし、当然のことながらそれだけでは充分でない。倒錯者の裁判と拘置の割合は、ここ数年増えつづけているが、性犯罪はそれほど減少していない。現在フランスの刑務所の被収容者の二〇パーセントは、性犯罪者である。こんにち、倒錯者に科せられる罪の大半に「治療命令」を伴っているのは、別の解決策に導くためである。倒錯者の治療のために、診療所、病院、専門的医療刑務所などの施設を提供しているが、施設数の不足、内容の充実度合い、利用の簡便さという点で課題を抱えている。

性倒錯者に対するおもな治療法には、以下のようなものがある。

性科学を専門とする医師による治療——特殊なセクシュアリティには再教育が必要であるという考え方に基づいている。どうしたら患者がコンプレックスを抱かずに、また人を挑発することなく治療を受け入れることができるかが検討される。

脱条件づけ——脱条件づけには、二つの方法がある。

・条件づけを相対化する方法。倒錯的振る舞いを引き起こす刺激体系を明らかにして、倒錯患者が、受け入れられる条件内でその刺激を保ちつづけさせるようにする方法である。

・嫌悪と結びつけて脱条件づけをする方法。興奮させる対象やイメージに、不快な経験を結びつける方法である。

前者はフェティシズムと服装倒錯に用いられ、後者は露出症に用いられる（ウォルプ）。

薬による治療――男性に女性ホルモンの使用を勧めた症例があるが、副作用（睾丸の萎縮）が認められ、その治療法を断念せざるをえなくなった。急性期には、鎮静剤が有効であることもある。いずれにせよ、作用範囲が大きく限定されるアンチアンドロゲン（抗男性ホルモン）以外には、性倒錯に対して特異的に有効な薬はない（【7】、六四頁）。

去勢手術――フランスでは、この種の手術は法律で禁じられている。しかし、脳外科的手術や、性器への手術が実施されている国もある。私は、重大な結果をもたらした事例（子供のレイプ）で、本人の同意が得られていたとしても、去勢手術は容認しがたい行為であると考えている。去勢をしたからといって、犠牲者に安堵感を与えるものではない（別の性向が、同じように抗いがたいものとして現われるだけである）。それればかりか、性倒錯者が問い掛けている重大な問題に対して、まったく理解を示そうとしない態度であると私は考えている。

どのような方法を選ぼうとも、倒錯者に徹底的な考察の機を与えるのでなければ、安定した長続きする変化は得られない。そうした観点から、別の角度からの二つのアプローチが考案されている。

・カップル療法、グループ療法。倒錯を性的逸脱とみなし、家族や社会の機能全体のなかに位置づけ直す治療である。アメリカには、こうした精神療法を目的として作られた共同体が存在している。

・治療を義務づけるだけでは充分ではなく、倒錯者が真に要求していることを明らかにしなければならないとする心理療法。治療者が、初期の面談で自分が当たり前だと思っている倫理的、道徳的な価値観を超えたところで、患者の言葉に耳を傾けることができたときに、この真の要求へと辿り着くことができる。倒錯者が過剰な症状へと身を委ねることなく、自分の欲望を表現することで、倒錯の問題系を再編成しようという、実に長い道のりの仕事が始まるのである。

Ⅲ　精神分析

現在、倒錯に対してさまざまな療法が存在するが、そのなかでも精神分析は特権的な位置を占めている。精神分析は、倒錯の特性を明らかにした最初の学問であると同時に、現在も倒錯者に自分の行為の原因を探求させ、その支配から脱するためのふさわしい手段を提供できる唯一の方法であり続けている。

しかし、倒錯者が必ず精神分析を受けなければならないわけではなく、精神分析をすればつねに倒錯者の包み隠すことのない要求に到達できるわけでもない。精神分析を受けるかどうかは、患者と精神分析家のあいだで個々に検討されるべき問題である。

しかし、精神分析家が倒錯患者を扱う場合、それが通常の分析ではないことを知っておく必要がある。精神病者、心因性の病人、子供や未成年者を扱う場合と同様に、倒錯者との分析は、特殊な調整が必要であり、倒錯の問題系を熟知しておかなければならない。

1 診断と環境

倒錯に対しては、初期に適切な対応をするのが望ましいので、比較的早い時期に診断することの重要性が指摘されている（ジョエル・ドール）。倒錯者は、自分が非難される心配がないとはっきりするまで、自分の行為を最小限に抑え、沈黙を守る術を心得ているので、初期の診察では、まず患者に分裂、支配したいという欲望、挑戦、先述した典型的な倒錯のプロセスがあるかどうかを注意深く見きわめなければならない。次に、患者が多少なりとも秘密にしていたみずからの行為について話しはじめるのを待ち、より詳細な検討を行なっていく。一過性の倒錯行為では、倒錯症状がはっきりしないことが多いが、そのような症例では、神経症と同じように、病的症状を強調しすぎないように注意するべきである。また、サディズムや窃視症のように能動的な倒錯と、露出症やマゾヒズムのように受動的な倒錯には、明らかな違いがある。前者が精神分析に抵抗を示し、治療の必要性を説得されて、精神分析が何とか実施されるのに対して、後者は精神分析を抵抗無く受け入れるかわりに、否定的な治療反応に陥るという危険性がある。そのために、ライヒが指摘するように、分析家がより直接的な介入を行なわなければならないこともある。

精神分析を行なう場所や、環境を決めるのは精神分析家である。倒錯者は、一般的に他人の生活に干渉するために用いられるもの、つまり服装、装飾、部屋のレイアウトなどに非常に注意を払っている。現在では、医療施設内で分析が実施されることが多いが、医療施設であることが障害とはならない。逆に、看護師、教育者、心理士、医師で構成される治療チームのメンバー全員が緊密に調整を取りながら治療に当たることができるという利点がある（バリエ【2】）。

2　要求と契約

しっかりと、患者が治療を要求する状況に至らなければ、分析を行なうことは不可能である。分析において重要なことは、患者が治療契約をはっきりと自覚していることと、内心期待することを多少なりとも表現することである。患者が治療を求めるとき、それは控えめで執拗なサインという形で示される。精神分析へと至るには、警察による初めての尋問、近親者との死別、パートナーとの離別、ＨＩＶウィルスへの感染、健康上の悩みなどを契機とすることが多い。したがって、治療意欲を持続させるには、初期の面接でしっかり治療契約を結ぶことが求められる。それは精神分析全般において必要不可欠なことである。

ここで、分析家の不安について言及しなければならない。分析家に不安が生じることはよくあることだが、倒錯者はとくに分析家の不安に対して敏感である。分析家の不安は、倒錯者の要求を阻み、またあるときは危険なゲームを進めるために利用されることがある。しかし、分析家が感じる不安の原因を分析し、事前に対処することができれば、この不安はきわめて重要な治療の手助けとなる。つまり、治療要求には両面性があり、性急に判断することがないよう注意しなければならない。

とくに用心しなければならないのは、精神分析の契約を結ぶときである。倒錯者にとって、他人が作成したシステムに従うことは容易なことではなく、自分自身が内容を決めたシステムでなければ、なかなか従おうとはしない。それが、精神分析を進めるうえで障害になることが非常に多い。セッションの日時、長さ、頻度、姿勢、料金などが問題になる。したがって、診断と同じように、二段階に分けて行なうほうが賢明である。まず、可能なことと可能でないことをはっきりさせ、充分に柔軟な取り決めを提案する。一度に厳格な取り決めが交わされることなどありえない。融通がきかず、変更できない精神分析の規約が、さまざまな口実で繰り返し攻撃される材料になる。徐々に、分析家と患者のあいだに共通のリズムのようなものが出てくるようになれば、合意が得られたことを強調して、そのリズムをさらに規約化することができるようになる。こうして慎重に分析を進めると、ようやく倒錯患者に安心感が生まれる。彼らは、自分がもののように扱われることを何よりも恐れており、自分が有利になるならば何でもする覚悟がある。彼らを相手にするときは、このような慎重さはきわめて重要である。

しかし、どんなに慎重にことを運んだとしても、失念や間違い、不可能なことは出てくるものである。「倒錯的」という形容語が、つねに要求することで他人を操作するという意味を持つようになったのは、そうした事情と無関係ではない。分析家は、倒錯者の要求をその都度うまくかわすことで、彼らの話に耳を傾け、解釈を行なうことができる。倒錯者の精神分析においては、フロイトが推奨する「平等に漂う注意」を払って、つねに用心深くあらなければならない。

3　方法論

倒錯者の分析は、方法論においても通常の分析とは少し異なっている。被分析者は、頭に浮かんだことすべてを話し、精神分析医は中立的立場で先入観を抱かずにそれを聞くという方法に変わりはない。しかし、倒錯がもたらした無意識のメッセージを解読するためには、中身と容器、封筒と手紙を区別しなければならない。封筒は、文字通りの実践で成りたっているが、その実践があまりにも印象的なので、あらゆる関心がそこに引き付けられてしまうことがある。フロイトは、マゾヒズムとフェティシズムという概念を通して、無意識のメッセージが逆転されていることを示し、どのように扱えばいいのかを示そうとした。つまり、無意識より発せられるメッセージは、ファンタズムを起源としており、ファンタズムが別のかたちで現われたものである。鞭打ちのファンタズムは、父親から愛されたいという欲望の表出であり、フェティッシュは、ファルスを持った母親というファンタズムの現われである。手紙と容器は、各自に特有なものであり、個別に解読されなければならない。患者は謎の仕掛人となり、分析家はシャンポリオン(1)の役割を果たすことになる。

(1) エジプトの学者。ロゼッタ石の碑文を研究し、ヒエログリフ解読の鍵を発見した〔訳注〕。

症例報告を検討してみると、離別や近親の死（トマシーニ【55】）を契機に倒錯が発症することが多く、トラウマや過度の刺激、混沌とした環境、両親のどちらかが欠如していることなども原因として挙げることができる。しかし、そこから単純な因果論的説明を導き出してはならない。倒錯症状は、多くの要素が複雑に結びついて表出したものであり、それらをひとつひとつ整理分類する必要がある。倒錯者は、子供の頃に暴力的であったり、ふしだらであった、いじめを受けていた、などということは少なくないが、それらが最も重要な要素ではない。倒錯は主体の分裂として理解されているが、精神分析は、その主体の分裂を明らかにし、患者がそれを引き受けられるように働きかけなければならない。これが、倒錯者にとって、彼らの実践と日常生活とのあいだに生じた二面性を再統合する唯一の方法である。

4 一過性の倒錯——それぞれの年代層において

倒錯的実践は、逸脱者や危険人物に限られたものではなく、人の一生のあらゆる時期に、はっきりとしない形で現われる。

・幼少期——フロイトは、この時期の倒錯を多形倒錯という言葉で表現している（【26】）。子供が、口唇期、肛門期のサディズム、マゾヒズム、窃視症などの倒錯的欲動のなかに特別な喜びを見出していることを意味する。この時期の子供たちが、ステレオタイプな倒錯的行動に陥ることはない。しかし、子供が小動物や自分よりも年下の子供に対してサディスティックな行為に及ぶことや、場合によっては明らかにマゾヒスティックな態度を取ることも珍しくない。だからと言って、そのような子供たちが、将来、倒錯者になるわけではない。こうした過剰な行為は、子供たちが何らかの欲動を同化しきれていないことを示している。したがって、民話や童話を用いて、子供たちが同化できなかった欲動について語らせ、表現させなければならない。子供が仲間の誰かに性的に攻撃的な態度をとることはあるが、自分が被害者として受けた行為や目撃した行為を反復している場合がほとんどである。

・思春期——倒錯の徴候がより頻繁に現われる。フェティシズム、服装倒錯、思春期の少女を意識した露出症、一時的にポルノに熱中すること、性的に誘惑したり攻撃したりする行為などである。例外的なケースを除いて、このような行為は将来の倒錯へとつながるわけではない。私は、このような思春期における行為を「一過性の倒錯」と呼んでいるが、これは、彼らが何らかの助けを求めているのだと考えられている。もし、精神療法をはじめることができるならば、このような実践を介して想起している問題が何なのかを明らかにすることができるだろう。思春期は、セクシュアリティの構成が別のかたちへと変化する時期である。「一過性の倒錯が現われるということは、患者が何かを乗り越えられないでいる状態にあることを意味している。何かがうまくいっていないので、患者はとりわけ幼少期に補給した欲動の回路を用いるのである」（ボネ【12】）。大人の倒錯においては、計画的な倒錯行為を行なうことで、行動が凝り固まっているのに対して、思春期のそれは変化する。ただし、時期尚早に、行き過ぎた診断を下すことで、患者を追い込んでしまったような場合はその限りではない。

・老年期——老化とともに、倒錯行為が復活することがよくある。退行的な形で現われるために介護スタッフを困らせることになる。とくに、フロイトが「何らかの性感帯、口、肛門の過大評価」と呼んだ、局部への関心というかたちで現われることが多い。フェレンツィは、この問題を扱った二論文のうちの一つで、次のように述べている。「老人は、ナルシシズムの子供に逆戻りするかのごとく、家族や社会への関心をなくしてしまう。老人は昇華能力の大部分を失うが、とりわけ羞恥心を失い、屈辱を感じなくなる。老人は意地悪、皮肉、けちになる。別の言い方をすれば、老人のリビドーは前性器段階に退行して、肛門性愛や尿道性愛、同性愛、窃視症、露出症、オナニズムといった率直なかたちを取ることが多い。」現実の風景は、エチエンヌ・シャティリエの映画『ダニエルばあちゃん』をしのぐ暗さであるが、この映画では、社会から離れていくことが痴呆を引き起こすという事実を物語っている。われわれは倒錯的傾向から決して逃れることはできないのは事実だが、文化や周囲の人びとに支えられ、みずからの性欲動を文化的なものへと昇華することだけが、性的な行き過ぎを抑えることができるのもまた事実である。

訳者あとがき

本書は、Gérard Bonnet, *Les perversions sexuelles* (Coll.« Que sais-je? » n°2144, 4e édition, P.U.F., Paris, 2007) の全訳である。著者のジェラール・ボネ氏は、フランス精神分析協会(APF)の精神分析家であるジャン・ラプランシュのもとで執筆した博士論文のテーマも、窃視症と露出症についてであった。倒錯の専門家であり、現在はパリ第七大学などで教鞭をふるっている、まさに倒錯一筋のスペシャリストである。

私がこの本書を翻訳しようと思ったのは、二〇〇八年十二月にやはり白水社の文庫クセジュより出版した『フェティシズム』(Paul-Laurent Assoun, *Le Fétichisme*, Coll.« Que sais-je? » n°2881, 3e édition, P.U.F., Paris, 2006)を補完するような本を出したいと思ったからである。『フェティシズム』では、古代より存在した「ものへの崇拝」という奇妙な風習が、性科学によって性倒錯のひとつと見なされ、のちに精神分析に必須の概念となるという歴史的な流れを通して、フェティシズムの本質へと接近することができたと考えている。すると、性倒錯全体における「フェティシズム」の位置づけはどうなっているのだろうか、他の性倒錯はどのような歴史を持ち、どのようなシステムに支配されているのかを、どうしても俯瞰し、分類したくなってきたのである。それが本書を読みはじめた動機である。しかし、本書を読み進めるうちに、この俯瞰したい、分類したいという欲望もまた倒錯ではないだろうかという疑念が湧いてきたのである。

ところで私事であるが、最近、私は引っ越しをした。新しい居住地は以前とくらべて街中にあり、多くの飲食店が存在している。すると、私はたくさんある飲食店をどうしても網羅的に訪れたいという欲望を抑えきれないのである。外観から、「この店の料理は絶対においしくないだろう」とわかっていても、近所の飲食店を網羅するためにどうしても一回は訪れなければならない。ある程度のエリアを制覇すると奇妙な安心感が得られる。この網羅したいという欲望は果たして倒錯であろうか。

私の考えでは、網羅したいという欲望は、大きくわけると次の三つの次元において成立する。

まず、最初の次元は精神病の次元である。精神病者は父の名という、自分は知らないが社会の中心を成しているらしいものを求めて彷徨している。これが網羅的な行動になることがある。二番目は倒錯の次元である。倒錯者は、まずそうな店のなかにとてつもなくおいしいものを期待するか、あるいは必ずまずいものを食べさせられるという行為自体を楽しんでいる。これは一種の挑戦の雰囲気を帯びている。三番目は神経症の次元である。このような網羅的な性格を帯びるのは、神経症圏のなかでも強迫神経症者である。強迫神経症者は、必ずまずいことを知っていながらも、まずいことを確認するために、自分の頭のなかの地図において、その店の序列を付けるために店に入るのである。倒錯者と違うのは、序列を付けるという作業が中心を占めていることである。ついでに言えば、あらかじめおいしいと言われる店をリサーチしその店に入ることは、他人の欲望に囚われているという意味で、同じく神経症圏のヒステリー的な行動だと思われる。おそらく、ラーメンマニアはほとんどが男性であり、強迫神経症的なポジションをとることは、強迫神経症のほとんどが男性であることと一致している。

しかし、精神病の次元は別としても、倒錯と神経症の次元はそれほどはっきりした違いなのだろうか。私は、「この店は必ずまずいだろう」と思いつつも、「ひょっとすると驚くほどおいしいものを食べることができるのではないか」と期待を抱いてはいなかっただろうか、あるいはこの網羅するという行為自体から密かな快楽を受け取ってはいなかっただろうか。この問いこそが本書の核心である。性倒錯は、正常者（精神分析の考えでは正常者とは神経症者である）とまったく異なる心的構造を持っているのだろうか。あるいは、同様の症状を呈していても、それが神経症であったり、倒錯であったりするのではないか。

表面的な行為から、倒錯であるとか、神経症であると判断することはできないのではないかというのが著者の主張である。フロイトは、この倒錯と神経症の重なりあう部分を「部分欲動」という言葉で説明しようとしたのである。残念ながら、誰もが納得できるような説得力のある説明とはならなかったが。

さて一方で、本書は私たちの網羅的な欲望にもしっかり応えてくれる。しばしば新聞の三面記事をにぎわすトレンチコートの不審者について知りたいと思えば、本書第五章の「露出症」の項が役に立つだろう。また、巷にあふれるコスプレとは一体何なのだろうかという興味は、第四章の「服装倒錯」の項が対応するはずである。同性愛者の問題や、近親相姦、サド・マゾ、小児性愛、窃視症なども本書では網羅されている。窃視症と言えば、以前、京都市内で多くの仏像を盗んだという男が逮捕された。彼の部屋には盗んだ仏像がところ狭しと乱雑に並べられていたが、私に言わせれば彼は非常に倒錯的である。神経症者ならば、仏像を階級に従って並べるはずだからである。むしろ階級に従って並べるために、欠けたパーツを埋めるために仏像を盗むだろう。乱雑に並べられた仏像は、彼が盗む行為そのものから快感を得ていたことを意味している。これは本書のいうところの目標倒錯である。誰にも見られず本堂の奥に安置されていた仏像を盗み出すという行為は、「窃視症」の快楽とほぼ同等のものであろうと想像される。

このように、現代の社会において倒錯は何も珍しいものではない。それどころか、街は倒錯で溢れかえっている。こうした社会において、本書が倒錯を理解する手助けとして役に立てば訳者としては幸いである。また、本書から『フェティシズム』へと手を伸ばしていただけると、なお幸いである。

今回も、守谷氏と共同での翻訳である。今回は二回目の翻訳で、お互いの癖もわかっていたので、ずいぶんスムーズに翻訳を行なうことができた。ありがたいことである。それから、たくさんの方々よりアドバイスをいただいた。白水社の中川すみ氏には編集を担当していただき大変お世話になった。この場を借りてお礼を申し上げたい。

二〇一〇年十二月

西尾彰泰

参考文献

＊OCF-PはPUF出版の『フロイト全集』の略

【1】 Assoun (P.-L.), *Le fétichisme*, Paris, PUF, « Que sais-je ? », n°2881, 2006.

【2】 Balier (C.), *Psychanalyse des comportements sexuels violents*, Paris, PUF, 1996.

【3】 Bergler (E.), *La névrose de base*, Paris, Payot, 1963.

【4】 Binet (A.), *Le fétichisme dans l'amour*, Paris, Payot, « Petite Bibliothèque », 2001.

【5】 Bonnet (G.), *Voir-Être vu*, Paris PUF, 1981 ; nouvelle édition entièrement refondue, 2005.

【6】 Bonnet (G.), *La violence du voir*, Paris, PUF, 1996 et 2001.

【7】 Bonnet (G.), Freud pédophile?, *Sexualité agie entre enfants et adultes*, Paris, Éd. Frison-Roche, 1999.

【8】 Bonnet (G.), *L'irrésistible pouvoir du sexe*, Paris, Payot, 2001.

【9】 Bonnet (G.), Quand le sadisme devient une perversion, *Revue française de Psychanalyse*, t. LXVI, n°4, 4/2002, 1043-1053.

【10】 Bonnet (G.), *Défi à la pudeur, quand la pornographie devient l'initiation sexuelle des jeunes*, Paris, Albin Michel, 2003.

【11】 Bonnet (G.), Séduction de vie, séduction de mort, *Psycho Média*, n° 10, septembre-novembre 2006, p.43 sq.

【12】 Bonnet (G.), La perversion transitoire à l'adolescence, *Adolescence*, 2006, t. 24, n°3, p.555-571.

【13】 Brusset (B.), *Le développement libidinal*, Paris, PUF, « Que sais-je ? », 1992.

【14】 Charcot et Magnan, *Inversion du sens génital et autres perversions sexuelles*, Paris, Frénésie Éd., 1987.

【15】 Chazaud (J.), *Les perversions sexuelles*, Privat, 1973.

【16】 Ciavaldini (A.), *Psychopathologie des agresseurs sexuels*, Masson, 1999.

【17】 David (C.), Les perversions affectives, *La sexualité perverse*, Paris, Payot, 1972.

【18】 Delcourt (M.), Le complexe de Diane dans l'hagiographie chrétienne, *Revue de l'histoire des religions*, Paris, PUF, t. 153, 1, 1958.

【19】 Deleuze (G.), *Présentation de Sacher Masoch*, Paris, Éd. de Minuit, 1967.

【20】 Dor (J.), *Structure et perversions*, Paris, Dunod, 1987.

【21】 Eiguer (A.), *Des perversions sexuelles aux perversions morales*, Paris, Odile Jacob, 2001.

【22】 Fabre-Magnan (M.), Le masochisme n'est pas un droit de l'homme, *Conférence*, n°22, printemps 2006, p.265-296, ou, *Recueil Dalloz*, 2005, chronique, p.2973-2981.

【23】 Fain (M.), Contribution à l'étude du voyeurisme, *Revue française de Psychanalyse*, t. XVIII, n°1, 1954, p.177-192.

【24】 Faure-Pragier (S.), *La perversion ou la vie*, Paris, PUF, 2000.

【25】 Fine (A.), Le Guen (A.), Oppenheimer (A.)(dir.), *Les troubles de la sexualité*, Paris, PUF, coll. « Monographies de la RFP », 1993.

【26】 Freud (S.), *Trois essais sur la théorie sexuelle*, in *OCF-P*, VI, Paris, PUF, 2006*, p. 59 sq.

【27】 Freud (S.), *L'interprétation des rêves, OCF-P*, IV, Paris, PUF, 2003*.

【28】 Freud (S.), *Métapsychologie, OCF-P*, XIII, Paris, PUF, 1988*.

【29】 Freud (S.), *La tête de Méduse, OCF-P*, XVI, Paris, PUF, 1991*.

【30】 Freud (S.), *Un souvenir d'enfance de Léonard de Vinci, OCF-P*, X, Paris, PUF, 1993*.

【31】 Freud (S.), *La vie sexuelle*, Paris, PUF, 1969.

【32】 Freud (S.), *Névrose, psychose et perversion*, Paris, PUF, 1974.

【33】 Freud (S.), *Abrégé de psychanalyse*, Paris, PUF, 1967.

【34】 Gabel (M.), Lebovici (S.), Mazet (P.)(dir.), *Le traumatisme de l'inceste*, Paris, PUF, 1995.

【35】 Gillespie (W.H.), The psycho-analytical theory of sexual deviations with special references to fetishism, *Les perversion*, Paris, Tchou, 1980, p. 25.

【36】 Granoff (V.) et Perrier (F.), *Le désir et le féminin*, Paris, Aubier, 1979.

【37】 Greenacre (P.), Perversions : General considerations regarding their genetic et dynamic backgraoud, *Les perversions*, Paris, Tchou, 1980, p. 235.

【38】 Guillebaud (J.-C.), *La tyrannie du plaisir*, Paris, Le Seuil, 1998.

【39】 Havellock Ellis, *Études de psychologie sexuelle*, Paris, Mercure de France, 1925, 1964.

【40】 Krafft Ebing, *Psychopathia sexualis*, Paris, 1895.

【41】 Lacan (J.), *Séminaire*, livre XI, Paris, Le Seuil, 1975.

【42】 Lantéri-Laura (G.), *Lecture des perversions*, Masson, 1979.

【43】 Laplanche (J.), *Vie et mort en psychanalyse*, Paris, Flammarion, 1970.

【44】 Laplanche (J.), *Nouveaux fondements pour la psychanalyse*, Paris, PUF, coll. « Quadrige », 2000.

【45】 Laplanche et Pontalis, *Vocabulaire de la psychanalyse*, Paris, PUF, 1968.

【46】 M'Uzan (M. de), Un cas de masochisme pervers, *De l'art à la mort*, Paris, Gallimard, 1977.

【47】 McDougall (J.), *Plaidoyer pour une certaine anormalité*, Paris,

Gallimard, 1978.
【48】 Patlagean (E.), *L'histoire de la femme déguisée en moine*, Studi Medievali, Spoleto, 1976, p. 597.
【49】 Poiret (A.), *L'ultime tabou, Femmes pédophiles, femmes incestueuses*, Paris, Patrick Robin Éd., 2006.
【50】 Reich (W.), *L'analyse caractérielle*, Paris, Payot, 1971.
【51】 Reik (T.), *Le masochisme*, Paris, Payot, 1953.
【52】 Rosolato (G.), *Le désir et la perversion*, Paris, Le Seuil, 1967.
【53】 Rosolato (G.), *Essais sur le symbolique*, Paris, Gallimard, 1969.
【54】 Stoller (R.), *La perversion, forme érotique de la haine*, Paris, PUF, 1975, 1978.
【55】 Tomassini (M.), Désidentification primaire, angoisse de séparation et formation de la structure perverse, *Revue française de Psychanalyse*, t. LVI, 1992, 1541-1614.

その他（訳者による）

（翻訳・訳注に関して参考にした主たる文献）

ジュル・ドゥルーズ『マゾッホとサド』（蓮實重彦訳），晶文社，1998年.
フランソワ・ラブレー『ガルガンチュワとパンタグリュエル　第四之書　パンタグリュエル物語』（渡辺一夫訳），白水社，1995年.
R・シェママ／B・ヴァンデルメルシュ編『精神分析事典』（小出浩之ほか訳），弘文堂，2002年.

訳者略歴

西尾彰泰（にしお・あきひろ）
一九七二年生まれ。一九九八年、愛媛大学医学部卒業。二〇〇〇年、マルセイユのエクス＝マルセイユ大学で臨床研修医として勤務。二〇〇一年、パリ第七大学精神分析学部博士課程に在籍。二〇〇三年より、岐阜病院、岐阜大学付属病院助手などを経て、現在、松蔭病院勤務。
主要訳書
G・カリガリス『妄想はなぜ必要か』（共訳、岩波書店）
P＝L・アスン『フェティシズム』（共訳、白水社文庫クセジュ九三一番）

守谷てるみ（もりや・てるみ）
一九八二年、南山大学文学部仏語学仏文学科卒業。
自動車メーカー、電子部品メーカー勤務を経て、現在フランス語翻訳業。
主要訳書
P＝L・アスン『フェティシズム』（共訳、白水社文庫クセジュ九三一番）
G・マルジョン『100語でわかるワイン』（白水社文庫クセジュ九四七番）

性倒錯
様々な性のかたち

二〇一一年一月一五日印刷
二〇一一年二月一〇日発行

訳者 © 西尾彰泰
守谷てるみ
発行者 及川直志
印刷所 株式会社 平河工業社
発行所 株式会社 白水社

東京都千代田区神田小川町三の二四
電話 営業部〇三（三二九一）七八一一
編集部〇三（三二九一）七八二一
振替 〇〇一九〇―五―三三二二八
郵便番号一〇一―〇〇五二
http://www.hakusuisha.co.jp
乱丁・落丁本は、送料小社負担にてお取り替えいたします。

製本：平河工業社
ISBN978-4-560-50954-8
Printed in Japan

文庫クセジュ

哲学・心理学・宗教

13 実存主義
25 マルクス主義
114 プロテスタントの歴史
193 哲学入門
196 道徳思想史
199 秘密結社
228 言語と思考
252 神秘主義
326 プラトン
342 ギリシアの神託
355 インドの哲学
362 ヨーロッパ中世の哲学
368 原始キリスト教
374 現象学
400 ユダヤ思想
415 新約聖書
417 デカルトと合理主義
444 旧約聖書
459 現代フランスの哲学
461 新しい児童心理学
468 構造主義
474 無神論
480 キリスト教図像学
487 ソクラテス以前の哲学
499 カント哲学
500 マルクス以後のマルクス主義
510 ギリシアの政治思想
519 発生的認識論
520 アナーキズム
525 錬金術
535 占星術
542 ヘーゲル哲学
546 異端審問
558 伝説の国
576 キリスト教思想
592 秘儀伝授
594 ヨーガ
607 東方正教会
625 異端カタリ派
680 ドイツ哲学史
697 オプス・デイ
704 トマス哲学入門
707 仏教
708 死海写本
722 薔薇十字団
733 死後の世界
738 医の倫理
739 心霊主義
742 ベルクソン
745 ユダヤ教の歴史
749 ショーペンハウアー
751 ことばの心理学
754 パスカルの哲学
762 キルケゴール
763 エゾテリスム思想
764 認知神経心理学
768 ニーチェ
773 エピステモロジー
778 フリーメーソン

文庫クセジュ

780 超心理学
789 ロシア・ソヴィエト哲学史
793 フランス宗教史
802 ミシェル・フーコー
807 ドイツ古典哲学
809 カトリック神学入門
835 セネカ
848 マニ教
851 芸術哲学入門
854 子どもの絵の心理学入門
862 ソフィスト列伝
866 透視術
874 コミュニケーションの美学
880 芸術療法入門
881 聖パウロ
891 科学哲学
892 新約聖書入門
900 サルトル
905 キリスト教シンボル事典
909 カトリシスムとは何か
910 宗教社会学入門
914 子どものコミュニケーション障害
927 スピノザ入門
931 フェティシズム
941 コーラン
944 哲学

文庫クセジュ

自然科学

60 死
110 微生物
165 色彩の秘密
280 生命のリズム
424 心の健康
609 人類生態学
701 睡眠と夢
761 薬学の歴史
770 海の汚染
794 脳はこころである
795 インフルエンザとは何か
797 タラソテラピー
799 放射線医学から画像医学へ
803 エイズ研究の歴史
830 宇宙生物学への招待
844 時間生物学とは何か
869 ロボットの新世紀
875 核融合エネルギー入門
878 合成ドラッグ
884 プリオン病とは何か
895 看護職とは何か
912 精神医学の歴史